いきるちから

稻盛和夫的
人生经营书

活力

［日］
稻盛和夫
——著

徐萌——译

鹿儿岛大学稻盛学院——编

中国出版集团　现代出版社

版权登记号：01-2023-4344
图书在版编目（ＣＩＰ）数据

　　活力：稻盛和夫的人生经营书 / （日） 稻盛和夫著；
徐萌译. -- 北京：现代出版社，2023.10
　　ISBN 978-7-5231-0507-8

　　Ⅰ . ①活… Ⅱ . ①稻… ②徐… Ⅲ . ①稻盛和夫（
Kazuo, Inamori 1932-　）－人生哲学 Ⅳ . ①K833.135.38
②B821

中国国家版本馆CIP数据核字 (2023) 第170447号

Original Japanese title: IKIRU CHIKARA
by Kazuo Inamori, edited by Kagoshima University Inamori Academy
Copyright © Kyocera Corporation
Original Japanese edition published by President Inc.
Simplified Chinese translation rights arranged with President Inc.
through The English Agency (Japan) Ltd. and Shanghai To-Asia Culture
Communication Co., Ltd.

著　　者	［日］稻盛和夫
译　　者	徐　萌
责任编辑	赵海燕　朱文婷

出 版 人	乔先彪
出版发行	现代出版社
地　　址	北京市安定门外安华里504号
邮政编码	100011
电　　话	(010) 64267325
传　　真	(010) 64245264
网　　址	www.1980xd.com
印　　刷	固安兰星球彩色印刷有限公司
开　　本	880mm×1230mm　1/32
印　　张	7.25
字　　数	110千字
版　　次	2024年3月第1版　2024年3月第1次印刷
书　　号	ISBN 978-7-5231-0507-8
定　　价	52.00元

前言

我生于 1932 年，懂事之时，正值第二次世界大战结束。

战后的日本是一种怎样的境地，我想各位年轻的读者应该是想象不出来的：很多城市在美军的空袭下化为灰烬，只剩残垣断壁。而我的故乡鹿儿岛，当时也被夷为平地。人们都挤在草草搭建的临时大棚里逼仄地生活着，食物供应也并不充足，每个人都在饥寒交迫中苦苦度日。

但是，即便在如此的困境之中，人们也并没有失去"活力"——无论如何也要坚强地活下去——每个人都为了生存而奋斗着。而当时还在新制中学上学的我，也加入了生产大军，帮助父母制作烧酒和食盐，为了家族的生计而奔波，而流汗。

当时的日本，正是靠着这样一种来自每一个国民的"活力"度过了国家存亡的生死危机。不仅如此，日本还以此"活力"为杠杆，完成了举世称奇的战后复兴，实现了经济的高速增长。

话说回来，我想，正在翻阅这本书的读者，想必你们大多数人都没有经历过上述我所说的那个时代的日本吧，我想你们大多出生于富足时期的日本，大家都成长在被物质眷顾的时代，不曾因食物短缺而忧虑过，想要什么都能得到满足。

在富裕时代里成长的一代，物质需求充分被满足的这一代，我想应该很难有"无论如何也要克服这个困难""一定要跨越这道障碍"的想法，相应地也会欠缺创造性和挑战的勇气。

当下的所有需求都能被轻易满足，往往会使人安于现状而缺乏开拓的进取心。

因此，才会出现很多所谓"草食系"和"宽松世代"的年轻人，虽然他们性格温和，但缺少生存的魄力。

温和柔软之心必不可少，但是仅仅靠着"温柔"是无法克服困难、勇往直前的。个人尚且如此，何况是一家企业，仅仅依靠温柔，那么它必将在竞争中败下阵来，终将被市场淘汰。再进一步说，国家也是如此。仅仅靠着温柔，如何能在激烈的国际竞争中取胜？

时代变了，经济环境风云变幻，技术革新的速度越来越快。在这样的暴风骤雨中，一种不随波逐流，不被环境左右、孤注一掷对一切苦难怒目圆睁地喝出"你算哪根葱"的坚强精神尤为重要，即我们必须有"斗志"。

既然当今的日本社会很难培养出这种"斗志"和"饥饿精神"，那么，肩负国家未来的年轻人，应该主动寻求能够激发"饥饿精神"的环境。现在，是时候果断采取行动，告别安逸的日常生活，给自己找一些难题，然后克服它，战胜它。但是，并不是每个人都能顺利完成这样的"冒险"。

这就需要我们至少要通过阅读的方式，哪怕仅仅是在精神层面上学习、研究"饥饿精神"。

过去，"悲惨的生活"让人们不得不拾起"活力"以应对不平坦的人生。随着生活逐渐富足，我认为需要一种新的方法来激发年轻人的活力。如何创造更多的机会，锻炼年轻人并振奋他们的精神，这应该是今后我们乃至全社会都要认真思考的一个课题。

数年来，在母校鹿儿岛大学举办的各种研讨会上，我都曾给后辈本科生和研究生做过演讲。本书以这些演讲为核心，同时收录了每次演讲后的提问互动与讨论的部分。

　　本书的初衷是对可爱的后辈加以鼓励，同时带领他们开启新的征程。如果以此为契机，能够为更多肩负国家未来的年轻人注入"活力"，那便是我之幸。志存高远的各位读者朋友，如果这本书能够成为你们行走人生的指南针，引导你们鹏程展翅，那便是我万幸中的大幸了。

——京瓷名誉会长　稻盛和夫

目录

活力

第二章
人，活着是为了什么？…… 045

第三章
六项精进：开拓专属于自己的道路……081

活力

第五章
20 多岁应该懂得的 12 条经营原则……141

活力

第六章
稻盛哲学的力量——稻盛和夫研究专家如是说⋯⋯ 181

第一章

现在，想告诉大家的一些事

决定人生的是心中的"想法"

我今年已经 84 岁了，回首过去 84 年的人生，我越发体会到：心有多大，人生的舞台就有多大，心中的"想法"决定了人生的走向。我有很多次这方面的人生经历，因此，我一直坚信这就是这个世间的真理。

首先，我想谈一谈人类的"想（思う）"为何物。

我们通常认为，"思考（考える）"很重要，即将事物合乎伦理地进行组合，然后用大脑进行推理和推论。另外，有不少人都认为"想"这个行为大家都会，没什么了不起的。

但是，我认为，所谓的"想"比"思考"要重要得多。我一直相信，在我们的一生中，任何一种行为都不及"想"的力量强大。

相信在手握本书的朋友当中，不乏会认为"学习好""头脑聪明"很重要的人。

这些方面固然很重要，但是相比之下，我们内心的所思所想才是重中之重。

"人性和品格"以及"境遇"
由"想法"形成

所谓的"想"，是人类一切的本源、基础，但很多人并没有意识到这一点。

我们可以从以下两个方面理解。

其一，我们每一天的生活中所产生的各种"想法"累积起来，造就了我们的人性、人品和人格。也就是说，我们每天都会想这想那，通过这些"想法"的汇集，拼凑出了我们的人性、人品和人格。

有些人认为"自己合适就行，不用管别人死活"，这种人的大脑中往往充斥着自私、无情的"想法"，我想他们的人性、人品和人格如同那些"想法"一样，也会变得自私自利、无情无义。

反之，抱有同情心、善良的"想法"的人，会在不知不觉间形成富有同情心的人性、人品和人格。

可见，"想法"竟然能对我们产生如此深远的影响。

其二，"想法"还有另一种巨大的作用。"想法"可以影响一个人的境遇。

换言之，说各种"想法"的凝聚可以打造一个人的命运，也并非言过其实。

关于这一点，100多年前英国启蒙思想家詹姆斯·艾伦[①]曾这样说：

> 人是思想的主人，
>
> 是人格的缔造者，
>
> 是环境和命运的设计师。

一个人，他的周围发生了什么事，现在是何种境遇——正是他一直以来内心的"想法"不断积累的结果。

抱怨"我的命怎么这么不好！"并且赌气，没有任何意义。

---

① 詹姆斯·艾伦，英国文学家、思想家。著有《做你想做的人》《人在思考》《通往成功之路》《做命运的主人》等。

因为自己的命运既非别人强加的东西，也不是自然所赐予的，而是由自己的"想法"创造出来的。

如与家人、邻居、同事之间的关系等，所有人际关系都是自己内心的真实反映。

我们总是不自觉地认为自己身边有很多心术不正的人、骗子和坏人，这种想法也是我们自己内心的反映。

很多宗教家和圣贤都用不同的表达方式阐述过同样的观点。

尽管如此，很多现代人还是不相信自己所拥有的"想法"中竟然蕴藏着那么大的力量。但是，不管我们相信与否，实际上无论是人生的结果、人际关系，还是和地域社会之间的关系，这一切都是由我们自己的"想法"塑造出来的。

今日富足的文明社会，
正是构建在人类的"想法"之上

众所周知，250 多年前在英国发生了工业革命，人类以此为契机，建立了现代文明社会。可以说，现代文明社会就是人类"想法"的产物。

原本，人类过的是一种捡拾果实、捉鱼捕兽的渔猎采集式生活，同自然共生。

但是，距今一万多年以前，人类自己开辟了新的生产方式，开始向种植粮食、饲养牲畜的农耕畜牧时代过渡。

在渔猎采集时代，人类并不能仅凭自己的意志生存下去。此后，人类通过农耕畜牧脱离了自然的束缚，能够按自己的意志生存下去。

之后，大约在 250 年前，爆发了工业革命。从此，人类拥有了蒸汽机，开始在工厂里使用很多机器，生产各种各样的产品。

从那之后，人类开始了一次又一次发现、发明和创造的旅程，科学技术显著发展，最终建立了今天美好的文明社会。

在漫长悠久的历史之中，人类仅仅用了 250 年的极其短暂的时间，就构建出富足的文明社会。

那么，为什么科学能够发达到如此地步？答案还是那句话，根本的动力就是人类拥有的"想法"。

我们每个人心中都曾浮现过一些想法，诸如"我想这样做""如果有这样的东西就很方便""如果这事能实现的话就好了"。

比方说，一直以来人们出行依靠走路或跑步，当产生"有没有更快、更便捷的移动方法呢"的念头之后，就开始怀揣着白日梦一样的"想法"——"想要有新的交通工具"。然后，这种像梦一样的"想法"成为强大的动因，人类由此便在实际上有了新的发明。

经过无数次的失败，人类终于制造出了新的交通工具。于是，有人发明了自行车，有人发明了汽车，还有人制造了飞机。

发明、制作这些具体的东西时，必须用大脑来思考、研究，而这些都源于我们心中一时兴起的"想法"。

人们往往会说"不要一时兴起乱说话"，可见大家都下意识地认为"一时兴起的想法"是很草率的。

但是，这种"一时兴起的想法"是非常重要的。在我看来，人们心中浮现的各种"一时兴起的想法"是发现与发明的原动力，它们推动人们创造了今天的科学技术。

综上所述，人类的行动首先开始于内心的"所思所想"。

如果没有"想"这一步，人类就不会采取任何行动。很多人把"想"想得很简单，不当回事，但其实"想"才是最重要的事。

人心中"利己"
与"利他"之心并存

接下来，我们聊一聊可以萌生"想法"的人的内心。我认为人类的心是由两种事物构成的。

一种是充满着自私自利欲望的利己之心。人类为了维持自己的生命，必须吃饭；为了御寒，必须穿衣服；为了躲避风雨，必须居住在房子里。一般而言，我们将这种自己生存所必需的欲望视作一种本能，而人人都有基于这种本能的自私自利的利己之心。

另一种，便是"想帮助别人""想对他人好一点"的利他之心。所谓"利他"，即"有利于他人"。我们不仅有利己之心，每个人也都有这种温柔的利他之心。

也就是说，在每个人的心中利己和利他这两种心理是并存的。关键在于，哪一种在自己心中占据主导地位。

关于人类对立的这两种心理，诺贝尔文学奖的获得者、印度著名诗人泰戈尔的诗作中有如下的段落：

> 我只身来到神的面前。
>
> 可是，那里已经站着另一个我。
>
> 那个暗黑中的我，究竟是谁呢？
>
> 为了避开他，
>
> 我躲进岔道，
>
> 但是，我无法摆脱他。
>
> 他公然在大道上迈步，
>
> 卷起地面的沙尘，
>
> 我谦恭地私语，
>
> 他高声地复述。
>
> 他是我身上的卑微的小我，
>
> 就是自我。
>
> 主啊，他不知耻辱，
>
> 我却深感羞愧。
>
> 伴随这渺小的小我，

我来到您的门前。

泰戈尔在这首诗中，准确地表现出一个拥有善良、利他之心的自我和卑鄙、易怒、充满私欲的另一个自我是如何共存的。

虽然我自己想要尽可能地以高尚的心生存，但另一个卑鄙的自我不愿离去，总是如影随形。两个自我共存在同一个心中，无法摆脱那个卑鄙的自我，因此，泰戈尔在神灵面前感到很羞愧。

发扬"利他之心"，
"养护"必不可少

那么，我们应该如何做才能抑制充满私欲的利己之心，发扬美好的利他之心呢？

对此，上文提到的英国启蒙思想家詹姆斯·艾伦把人的内心比作庭院，作出了以下阐释：

人类的心灵如同庭院一般。

这庭院既可以认真耕耘，也可以放任它荒芜，

无论怎样，庭院都会有所产出。

如果你在自己的庭院中，没有播种美丽的花草，

那么无数杂草的种子就会纷杳而至，

庭院里就会变得杂草丛生。

优秀的园艺师会翻耕庭院，

拔除杂草，播种美丽的花草，

　　并不断精心培育。

　　同样地，如果我们也想度过一个精彩的人生，

　　就要开垦自己心灵的庭院，

　　扫除其中不够纯真或是有误的思想，

　　种植纯洁、正确的思想，

　　并坚持将这些思想培育下去。[1]

　　也就是说，人的心灵必须自己进行养护。如若听之任之，就会变得像杂草丛生的庭院一样。

　　詹姆斯·艾伦告诉我们，为了能拥有一颗像繁花盛开的庭院那样的美好心灵，我们应该时刻仔细观察、确认、整顿自己的心理状态。

　　如果一个人带着一颗杂草丛生的心生活，他就会变得乖僻而卑鄙。同时，在这种不良品性的人身边往往会发生一些与其品性相符的事，前方充满坎坷，困难接踵而至。

　　另外，如前文所言，怀揣美好心灵的人，会拥有良好的人性、人品和人格，在这些人身边也会发生与之人性、人品

---

[1]　摘自《"原因"和"结果"的法则》（SUNMARK 出版）。

和人格相符的好事。这些人的周围有着良好的环境，如工作顺利，公司也很景气，家庭富足美满等。内心的"想法"就是拥有如此伟大的力量。

正在翻阅本书的诸位读者，想必你们正在为了更好的将来而努力学习、勤奋工作。当然，这很重要，但我认为更重要的是心灵的养护和修整。为了尽可能地抑制自己充满自私自利欲望的利己之心，让温柔美好的利他之心占据内心的主导位置，我们需要悉心养护心灵的庭院。

其实，宗教人士的修行和荒行①，为的就是洗涤自己的心灵。通过严厉的修行锻炼自己，修整内心。

不仅是宗教人士，普通人也应该尝试这种洗涤心灵的方式。我们应该把这颗一直以来利己与利他并存之心修行得越发美好，努力地净化内心这一"想法"之源。

---

① 荒行，日本佛教用语。指在险峻之山林，或飞瀑河流，或火焰中修苦行，为日本佛教界修验行者及修苦行者所常采用之修行方式。

抱有将"想法"转变为"信念"，
再提升至"胆识"的强烈意愿

　　在拥有单纯美好的"想法"的基础上，我们还应该抱着强烈的愿望，把"想法"提升至"信念"。

　　"我想做这个""我想做那个"诸如此类的"想法"，我们都可以将其变为现实。但是，前提是这些"想法"必须非常强烈，强烈到我们为之废寝忘食。

　　我们在着手任何一件事情时，首先抱着"想这样""想那样"的"想法"。这些想法大都是心中忽然浮现出来的"念头"，我们应该通过一种无论如何都要将其实现的强烈愿望，把"想法"提高到"信念"的高度。

对此，日本思想家安冈正笃①曾用"知识""见识"和"胆识"这三个词语进行阐释。

人为了生存，需要掌握各种知识。但是，仅凭着这些知识，实际上基本起不到什么作用。要想把知识提升至"见识"的高度，就需要把知识提升为一种不可或缺的"信念"。但是，安冈正笃先生认为即使如此也还是不够的。还需要将见识上升至"胆识"，即有无论如何都一定要执行的强烈的愿望或坚定的"想法"支撑的、不受任何事影响的"胆识"。

特别是当我们想做的事很有难度，在外人看来无异于痴人说梦的时候，每个人都会说"这根本实现不了"。

这时就需要我们具有非常坚定的"想法"，这种"想法"伴随的是明知不可为却仍要为之的信念。

在此基础上，接下来我们就应该绞尽脑汁地研究克服困难的战略、战术了。

---

① 安冈正笃，日本汉学家、思想家、王阳明研究权威与管理教育家，他创立了日本金鸡学院、农士学院、东洋思想研究所与全国师友协会。他一生都致力于用中国文化经典去教育日本管理者。

怀揣一颗纯净美好的心
坚持自己的想法，一定会成功

"这个想法会不会实现不了？"——如果不消除这些怀疑，就无法实现自己的想法。也就是说，我们不能有半分怀疑自己的念头。很多人虽然有想完成一件事的意愿，但是一想到有棘手之处，就马上开始消极思考。

但是，我认为对表达自己意愿的"想法"，我们不能有任何怀疑。尤其是在挑战一些新事、难事而手忙脚乱的时候，哪怕有一点退缩的想法，事情就绝对无法成功。一定要一直抱有"无论如何都必须实现"的坚定"想法"。

举例来说，比如那些总是一副见多识广模样的"老油条"经常把"虽然我是这样想的，但实际上很难办到"挂在嘴边，我们绝对不能说出这种含有否定性的、令人气馁的感觉的话语。

一旦脑海中浮现出这种疑虑，那么我们应该马上努力将其抹去。

我们只需一心一意地相信自己的可能性，单纯地不断加强实现"想法"的意愿即可。人类的"想法"，隐藏着超乎我们想象的惊人力量。所以，什么都不用担心。

首先，最重要的是摒弃一切疑虑，抱有无论如何都要将其实现的坚定信念。只要能做到这一点，我相信"想法"必将实现。

对此，有一位叫中村天风的哲学家曾做过精彩的阐释。

在 100 多年前，这位中村天风先生曾在印度修行瑜伽，开悟后回到日本涉足银行经营，之后，又进军各种领域开展新的事业，都非常成功。他曾经这样解读"想法"的重要性：

> 崭新计划的成功，
> 在于不屈不挠的一心。
>
> 那么，专心地去想吧，

高尚、坚定、一心一意。

也许表达方式有些古旧，不过中村天风先生所阐述的意思就是，要想设定新的计划并将其成功实现，或是将自己的"想法"付诸现实，需要我们用不屈不挠的"一心"，即"无论发生何事永不言弃的心"去拼搏努力。

不要考虑其他任何事情，自己想做某件事的"想法"一经确定，就应该专心一意地一直坚持自己的"想法"。用高尚而坚定、纯洁而美丽的心，心无旁骛地思考自己的"想法"，如此一来，必然会走向成功。

在我还很年轻时，便读到了中村天风先生的这句话，当时犹如醍醐灌顶。为此，便将这句话铭记在心，走上了创业之路。这句话带给我的震动太过强烈，以至于我也天天跟我的员工说起。

员工都带着这样的"想法"，为了公司拼命努力，最终的收获就是我从白手起家发展到今天的京瓷，才会有第二电电（KDDI）以及后来我参与重建的日本航空（JAL）。

京瓷能够发展成国际化企业的原因

下面，我想谈一谈在经营这三家公司的过程中，人类所持有的"想法"是如何发挥出巨大力量的。

我于1955年从鹿儿岛大学工学部毕业。当时的鹿儿岛大学工学部还在伊敷，校舍是一座木质的、仿佛马上就要倒塌的旧陆军兵营。从鹿儿岛大学毕业后，我就职于一家老字号制造企业。但是，这家公司财政常年赤字，濒临倒闭。公司的业绩差到了发工资的日子都发不出钱来。很快我便冒出了辞职的念头，但是一时又找不到其他工作。因为没有地方可去，所以我唯一的选择就是留在那家无法按时支付薪水的公司，埋头于研发当中。

但是，那家公司的研究室里根本没有足够的机器和设备。坦白地讲，研究设施非常简陋。

即便如此，我也只能豁出去，拼尽全力地专注研发当时日本还没有的高性能陶瓷。其实，以我当时的经验和能力进行如此高难度的研发工作，根本不可能做出成果。但我还是竭尽全力地朝着超出自己能力范围的目标努力，甚至带着锅碗瓢盆住进了实验室，简单地解决一日三餐。每天在研究室，一睁眼就想着无论如何也要把新型高性能陶瓷研发出来。

因为当时日本并没有可做参考的资料，所以只能从美国陶瓷学会订购了学会杂志。通过这些资料调查美国正在进行的尖端研究的情况，然后自己暗下决心要超越美国的研究，开始了无休止的实验。

其实，这项研发是公司决定的项目，起初我并没有想过要做些什么。但是，这项研发慢慢转变为自己"无论如何都要实现"的"想法"，随后又提升为"通过自己的研究，拯救快倒闭的公司和同事"的"想法"，因此我全身心地投入研发中，最终成功地合成了新型高性能陶瓷材料，这是日本首次，同时也是全世界第二次成功。

带着"无论如何也要完成目标"的强烈"想法"以及"想要拯救公司和朋友"的善良"想法"，经过全力研发，最终成功完成了高难度的研发工作。

成立京瓷之后也是一样，带着这样的"想法"研制出一种又一种新材料、新产品，然后又开创了新的事业。

这些梦想之所以能够实现，都是因为我想要为我的职员打造一家很棒的公司，从这个"想法"出发，用尽全力拼命努力。

我的能力绝不出众，却靠着"想法"和努力把京瓷经营发展成现在这家年销售额达到1.5兆日元的国际化企业。

为什么我要跳入既没有经验
也没有相关知识储备的电子通信行业

另外，现在以 au 这个品牌涉足移动通信行业的 KDDI 公司，也诞生于我的一个单纯的"想法"。

30 多年前，刚过 50 岁的我，在没有任何电子通信领域相关知识和经验的情况下，对当时的电电公社（日本电信电话公社）下了战书。电电公社，即现在的 NTT，是明治时期以来的巨头公司。

当时由于 NTT 的市场垄断，电子通信费用居高不下。于是，我产生了一个强烈的"想法"——"我要努力降低通信费用，减轻国民在通信费用上的负担"。

当时，世人都认为，以京瓷这种小公司挑战巨头 NTT 无异于以卵击石。

但是，我的"想法"很坚定：我要降低国民的通信费用，无论如何都要推进这项事业，并且一定要成功。

但是，考虑到"对方可是 NTT，是一家年销售额高达 4 兆日元，从明治时期开始，就利用国库建立起整个日本家庭电话线路的巨头企业。挑战这样一家公司，简直跟堂吉诃德一样"，包括大企业在内，大家都畏缩不前。

尽管如此，我依然坚持自己的"想法"——为了国民，无论如何都必须降低通信费——并开始筹备自己毫无经验与知识储备的一项崭新的工作。当时，面对自己的想法，我经常审问自己："动机善否？私心有否？"

大概有半年的时间，我一直不断地在考问自己：你的出发点是不是良善的？是不是出于私心，为了私利？

我严厉地质问自己："动机善否？私心有否？"具体意思就是"你想创立一家新的公司对抗 NTT 的动机，是出自利他的、善良的、为他人着想的心，还是出自自己想赚钱，想让京瓷更出名的私心，难道不是因为自己自私自利的想法吗"？

在确定了自己的动机是良善的，绝不是出于私心后，我便一口气扎进了电子通信领域。通过心怀利他之心，也就是良善的"想法"拼命地努力，我得到很多人的支援和协助，KDDI 发展得很顺利。

现在日本全国很多人都在使用 au 手机，KDDI 已经成长为年销售额近 5 兆日元的巨型企业。

在电子通信领域一没经验、二没技术的我，单凭着"想为国民降低通信费"的"想法"创建了这家公司。能够有如此巨大的发展，我相信足以证明"想法"的伟大力量和"有想法就一定能实现"这句话。

基于"利他之心"，
日航重建的三个意义

给大家举一个最近的事例。

那就是日本航空（JAL）的重建。我认为日本航空也是通过转变人的"想法"才获得重生的。

2009年年末，政府方面迫切地邀请我："日本航空要破产，希望您能为了重振日航，就任日本航空的会长。"

我之于航空领域根本是一个门外汉，加上我已老矣，因此，这个邀请着实让我苦恼了很长一段时间。于是，我以不能胜任为由，多次拒绝了对方。加之，我的朋友、熟人和家人对此事都非常反对，也有不少人担心我会"晚节不保"。

但是，在对方一再邀请之下，我苦恼再三，最终还是决定接受重建日本航空的邀请，这个决定主要依据我年轻时就已经确立的人生观——"为世人做有用的事，是生而为人的最高行为"，另外还有后面提到的三个理由。

不过，毕竟年纪大了，所以一开始觉得自己不能胜任全职工作，于是就申请"一周工作 3 天"。

我的家宅在京都，妻子也住在那里。如果接受上任邀请，就要去住酒店了。这也是我申请一周上 3 天班的另外一个理由。

同时，我申请"因为一周工作 3 天，所以不要工资"，也就是说我同意无薪担任日本航空会长一职。

话说回来，虽说接受了就任的邀请，但在航空领域我的确是个彻头彻尾的外行，身上没什么实打实的东西。

报纸和杂志上也都冷言冷语："无论是谁重建日航都有难度，更别提制造商出身的技术型经营者稻盛和夫了。"

即使如此，我的信念也不曾动摇过，因为我认为基于利他之心，日本航空的重建有以下三方面的意义。

第一，是为了重振日本经济。日本航空是代表日本的门面企业，不仅如此，日航的没落也反映出日本经济的停滞不前。

有如此重大意义的日本航空，如果接受了政府的支援也未见好转，乃至再次破产的话，不仅会给日本经济造成巨大的影响，甚至连日本国民都会失去信心。

反之，如果重建成功，对国民是一种极大的鼓舞：连日本航空都能重建，日本经济一定可以恢复。

第二，无论如何都要保住留在日本航空的 3.2 万名员工。

政府邀请我接手日航的时候，日航的情况十分凄惨，4.8万名员工中必须有 1.6 万人辞职。这是公司破产后，律师和会计师依据《公司重生法》决定的重建计划。

我当时坚定地想，无论如何至少要挽救剩下的 3.2 万名员工。

第三，是为了日本民众，也就是为了方便需要利用飞机出行的人。

如果日本航空破产，日本的大型航空公司就只剩下全日空（ANA）一家公司。那么，竞争原理不再管用，导致飞机票价格居高不下，服务也会不断恶化。这绝不是什么利好国民的事情。

只有在健全、公正的竞争条件下，多家航空公司相互竞争、切磋琢磨，才能向乘客提供高性价比的服务。因此，我认为绝对有必要让日本航空继续存在下去。

考虑到日航的重组，具有这样基于利他之心的三大意义，换句话说是一项"大义之举"，所以我决定就任日本航空公司的会长，竭尽全力完成重建工作。

就任会长后，我努力让日本航空公司的员工也理解这三点意义。

于是，员工明白了"日本航空的重建，具有非常伟大的意义，不仅是为了自己，同时也是为了社会和国民"，也就不再吝惜努力，向着重建昂首奋进。

虽然年事已高，却零报酬地接受了大家眼中困难重重的日航重建工作，并为此拼命努力，最终我的诚意感动了大家。或许也是因为这一点，本来打算每周上3天班的我，待在日本航空总公司的时间，逐渐从3天变成了4天，又从4天增加到了5天。

身为年近八旬的老人，我一周几乎都住在东京的酒店里，有时候晚上就吃两个便利店的手握饭团。看到我拼命工作的样子，很多员工都纷纷改变了想法："本来是局外人的稻盛先生都这么努力，那我们作为日航的员工，更应该竭尽全力。"

于是，员工转变心态，带着坚定的"想法"，拼尽全力投身重建工作中。最终在破产仅仅 2 年 8 个月后，日本航空重装上市，成为世界上收益最高的航空公司，漂亮地打赢了这场翻身仗。

自此，我便更深刻地认识到，人之心——被称为"想法"之物，潜藏着如此巨大的力量。

不论是京瓷、KDDI，还是日航，
是"想法"成就了今日的成功

　　无论是京瓷、KDDI，还是日本航空，都不是从一开始就可以预见成功的。

　　这三次成功都始于灵机一动的"想法"，或是无论如何都要干到底的"想法"。

　　通过怀揣着坚定的"想法"，并不断付出不输给任何人的努力，这些偶然的"想法"，最终为我带来了远远超乎想象的美好未来。"想法"这个东西，就是具有如此美妙、强大的力量。

　　所以，首先，请相信人类所持有的"想法"一定会实现。绝对不要认为"这种事也就是想想，肯定实现不了"。请大家尽可能地"心比天高"，怀抱更高的"想法"，秉持崇高的志向，向着更高的目标拼命努力。如此一来，你的"想法"一定可以实现。

　　同时，如"为世间为人类奉献"般单纯美好的"想法"，可以激发出我们的潜力，获得来自身边的人乃至大自然的协助，因此实现这种"想法"的可能性就更大一些。

　　但是，无论我们的"想法"多么坚定，也不可能马上将其实现，还是需要花费一些时间的。我已经84岁了，在进入社会至今的60多年时间里，我一直心怀坚定的"想法"，如"想这样做""想成为这样的人"，并坚持不懈地努力着。所以，最终，我收获了一个满意的人生。

　　实现"想法"的确需要很长时间，但是无论是谁，只要心中坚定地抱有单纯美好的"想法"，并为之付出不懈的努力，那么"梦想成真"将是自然的法则，是掌管这一宇宙的法则。

　　希望手捧此书的各位朋友，能够一直坚定地守护着心中美好的"想法"，从而度过精彩的人生。

　　这绝非一朝一夕可以实现的事。虽然需要很长时间，但请不要放弃，坚持自己的"想法"，并不断努力。

　　在这里，谨祝各位读者人生似锦。

与下一代朋友们的对话① *

【提问】怎样才能正确地"想"？

我是鹿儿岛大学医学部的 W。我对自己要保持何种状态，还有自己的"想法"有一些问题。在稻盛先生经常提到的"思维方式 × 热情 × 能力"的人生公式中，"思维方式"必须是积极正面的才可以，我觉得"想"也是要想正确的事、作为一个人应该做的事。那么我们怎么做才能正确地去"想"呢？

【回答】努力修行，使利他之心越发强大。

我觉得正确地去想是一件很难的事。正如我刚才所说的那样，极端地说，人的心中有两种"心"，即利他之心和利己之心。

---

* 2016 年 9 月 30 日举行的第四届稻盛学院研讨会上设置的学生提问环节。

一种是自私自利的利己之心，而另一种是对社会、对邻居、对他人善良相待的利他之心。因为这两种心都在我们的心里，所以为了尽可能地让利他之心占据主导地位，我们要不断进行修养和修行。

我们应该通过修行来提升人性。也就是说，重点在于改变自己，努力扩大利他之心所占据的比例。在我们的内心里，每一天每一时，利己之心和利他之心都在相互对抗博弈。因此，当利己之心现身的时候，我经常会在心中怒斥自己。于是，提醒自己"你这家伙又在想一些过分、自私自利的事了"逐渐变成习惯。

这样一来，利他之心就会逐渐占据主导地位，我认为这是非常重要的。

【提问】作为团队的领导，怎样与团队成员统一"想法"呢？

我是鹿儿岛大学大学院的 K。现在，我率领的一个团队，有 100 名左右的学生。

您刚才的讲述中提到"想法"很重要。但是我感觉在组织团队的过程中，每个人都有自己的"想法"，比如我的想法和同一组同伴的想法，乃至其他成员的想法会有很多分歧。我想一直保持自己的想法继续行动。但是，也许是因为和别人的想法有些不同，所以很难将自己的想法传达给别人。我想请问，怎样才能让周围的人也抱有同样的想法呢？

【回答】只要你的想法基于"利他之心"，你们的想法就一定有共通之处。

看起来你的想法，与你率领的团队、小组成员所持有的想法有些不同呢。

我想，如果你的想法是从利他之心出发，考虑的是整个团队的利益的话，大家应该是能够心意相通的。

请想一想，你是如何带领团队，是怎样领导大家的呢？这些想法不应该从你的角度出发，而是应该考虑到团队整体的需要，也就是说，我想只要是基于利他之心的想法，最终大家都会产生共鸣的。但是，如果你的想法掺杂了"私心"，哪怕只有一点点，大家也能敏锐地察觉到，从而不愿意服从你。

总之，对于那些在领导岗位的人来说，如果不能舍弃自己的私心私欲，也就是舍弃自我，抱有为整个团队考虑的基于利他之心的想法的话，身边的人就不会听从领导。

【提问】现在我想自由自在地生活，只需花些时间一点一点地强大利他之心就可以了吗？

我是鹿儿岛大学大学院^①2 年级的 E。稻盛先生您刚才讲到，利己之心和利他之心的比率很重要，不过，说实话，我没有信心像稻盛先生一样能活到 80 多岁，我觉得自己随时都有可能死去。这样一想，利己之心所占的比例还是会变大，或者说我很想恣意自我地生活。我不知道自己应该如何处理这种情绪。

也就是说，我想年轻人的利己之心还是很重的，这是无可奈何的事。那么，是不是说我们只能花费很长时间来慢慢地增加利他之心的比重呢？

【回答】并不是说年纪越大，利他之心就会变强大。

的确如你所言，年轻人的利己之心比较重，但这并不意

---

① 大学院，日本高等教育机构，相当于中国的研究生院。

味着上了年纪，利他之心就会越来越强。上了年纪却贪婪无度的人有很多，所以，惹人嫌的老人反而还不少。

我觉得还是要控制好自己的心，抑制同住在心中的利己之心，努力增加善良的、为他人着想的利他之心的比重，使其占据心中大半部分空间，这是非常重要的。

我理解每个人私下里都会想吃一些美食、想穿好看的衣服、想买一些好东西，这是一种普遍的需求，但是放眼整个人生，你还非常年轻，所以在考虑今后自己应该做些什么的时候，希望你还是要拓宽格局，放眼世界，为了社会、为了他人做一些事情。

也就是说，我认为满足个人的需求是非常有必要的，但是我想我们更应该树立起为社会、为他人贡献出自己的一份力量的意识，并为此不懈努力。

大学毕业后，我进入一家公司工作，就是之前提到的那家濒临破产的公司。从入职时起我就想辞职。那一年有 5 个大学毕业生进入了这家公司，结果到秋天就有 3 个人提出辞职，只剩下我和另一个京都大学工学部的毕业生。那个京都大学的毕业生是熊本人，而我来自鹿儿岛，当时还互相打趣：

"怎么办？辞了吧，辞职吧。"

但是说实话，当时我是因为没有什么地方可去，只能进这家公司。于是，我俩商量"要不然咱们去自卫队的后备干部学校吧"，之后我们俩翘班参加了考试，结果两人都被录取了。然而，学校需要户籍摘抄件，我便向鹿儿岛老家寄了一封信，但一直没等到回信。

"好不容易有了工作，不管公司再怎么差，一年没到就辞职也太不像话了。"哥哥收到信后很生气，没给我寄户籍摘抄件。

当时，我为此十分苦恼。辞职还是留下？我站在了人生的十字路口。留下，就得面对一家破公司；辞职呢，也不知道以后的路在哪里。

这种时候呢，有人会说"还好辞职了"，也有人会说"还好留下了"。

但是，此后的人生，并不能说"还好辞职了"，也不能说"还好留下了"，好与不好取决于一个人的心态。因此，最终我留在了那家公司，不发牢骚、任劳任怨地拼命努力，尽管研究室十分简陋，我依然埋头于研发工作。最终，这成为我开辟高性能陶瓷这一崭新材料领域的契机。

因此，我认为这种"想法"非常关键。

【提问】如何改变一个摇摆不定、没有自信的自己？

我是鹿儿岛大学水产学部的 K，明年我就要开始找工作了。您提到的一开始就职的公司有破产的危险，而您重建了这家公司，这件事给我留下了很深的印象。

我心里一直有个疙瘩，也可以说是我觉得自己必须改变的地方，就是当把"想法"转变为坚定的"信念"的时候，我还是会很懦弱、游移不定，烦恼于自己是否真正能把事情做成。

如果我处在和您一样的境遇中，比如说在明年入职的公司即将破产倒闭的时候，我恐怕不会带着利他之心企图拯救公司，也不会思考一下有没有自己能做的事，而是会选择跳槽。

我想无论如何都会发生或动摇，或失去信心的情况，为了能在此时给自己一些勇气，我想听听您自身的经验，在这种情况下是如何做的。

【回答】能取得成功的人都专心致志、拼命埋头奋斗。

在如今这个繁荣社会里，大家出了校门就选择步入社会，与我还是学生的那个时代相比，现在的选择要多得多。因此，从这个角度上讲我觉得当时的我们有些可怜。

我们那时走出校门后，基本上不能到自己想去的地方就职。即便是选择辞职换工作，也去不了什么好公司，所以只能在现有的岗位上拼搏努力。

从这方面看，或许可以说是非常凄惨的社会环境了。不过，我觉得处在这种环境中对我来说也是一种幸运。像我这样有些学识、脑子不笨的人，如果再好胜要强一些，赶上好一点的社会环境，或许我就会跳槽到其他地方去了。

但是，当时整个社会都处在逆境之中，这种状况由不得我任性妄为，所以不得不在当时的岗位上埋头苦干。我觉得这对我来说倒是一件很好的事。

现在，各位朋友从某种意义上说处在一个非常繁荣的社会，我相信也不乏各种各样的机会，我认为如果可能的话，还是应该像我刚才提到的那样，以坚定的信念与想法努力地做好眼下自己决定的事。

最终，你看那些人生中大获成功的人就会明白，无论在哪个社会中，不管是普通的木匠、工程师，抑或是其他职业，那些心无旁骛、拼尽全力奋斗的人都能获得成功。而不能专心致志、努力地做好自己本职工作的人是无法成功的。我认为这一点在学问的世界里，或是任何世界中都是相通的。

【提问】请告诉我维持最初的动力的方法。

我是鹿儿岛大学法文学部的 M。谢谢您今天为我们上了宝贵的一课。我是一个内心非常脆弱的人，心里有不少想法，想完成这件事，又想做那件事，一开始总是激情澎湃，甚至连周围的人也都能带动起来。但是，慢慢地我就开始逃避，一开始的一腔热情也就渐渐冷却了。

所以，我想请教您，每当这个时候怎样才能坚持最初的动力一直到事情完成呢？

【回答】只能靠自己努力，传授方法解决不了问题。

这种情况你自己不去努力，就没什么别的办法了（笑）。

现在我在你的旁边，可以鞭策你、批评你。但是如果你还是摇摆不定，我现在再怎么说也无济于事。我觉得你应该让自己变得更强大。

现在你的问题并不在于怎样才能变得更加强大，你询问我应该怎么做才好的这种想法是很奇怪的。

你的问题必须由你自己通过行动来解决。我的问答听起来莫名其妙，但实际上就是如此。

第二章

人，活着是为了什么？

关于次级贷款问题引爆的金融危机

2008 年 10 月，在美国发生金融危机的时候，我正好在纽约，有个机会在约一千名日裔和美国人面前讲话。

我想大家也都知道，当时在美国发生了金融危机，全球股票大跌。京瓷的股价也跌至一半以下。

为什么美国发生了金融危机呢？起因是次级贷款。美国的低收入者购买住宅的时候，金融机构会借给他们住宅购入资金。美国联邦国民抵押贷款协会（房利美）、联邦住宅贷款抵押公司（房地美）这样的民营公司，开始以较低的利率向无房产的低收入群体发放贷款。

但是，这种次级贷款和普通贷款的结构略有不同：最初几年利率设定得非常低，但过了一定年限之后利率会急剧上涨。因为美国的住宅价格逐年上涨，所以哪怕从银行借钱买了房子，之后住宅价格上涨，也可以在利率上涨之前卖掉房子顺利还款。

在这种计划中，贷款利率变得不固定，一旦超过了限定期限就会大幅上升的结构。

房利美和房地美这两家公司发放的就是这种次级贷款，但没想到的是当时已经连续 10 年持续上扬的美国房价由于突然不景气开始下跌。本来低收入群体认为，"虽然是借钱买的房子，反正将来房价会上涨，只要卖出去就赚了"，结果这种计划落了空。

不仅如此，过了低利率的限定期限，利率就会大幅上涨。因为次级贷款的借方原本就是低收入者，所以利率突升导致还款变得难上加难。

本来大家想卖掉自己的房子还债，结果房价降得比当初贷款买房时还要低。

如果把房子卖了，就只剩下欠款，结果在犹豫着要不要卖的时候，连利息都交不起了。而且，贷款给他们的房利美和房地美也非常头疼。

美国社会很严格，如果贷款还不上，作为担保的住宅就会被没收。因此，包括纽约周边在内，不断有个人的住宅被没收，成为"空巢"。

这便是金融危机的开始。

金融危机源于"人心的欲望"

那么话说回来，到底为什么会发生这样的金融危机呢？

金融界利用金融工程学技术，创造了新的金融产品并获得急速发展。而引领金融界的，是我们人类的欲望。

如果做汽车，或者像京瓷那样做电子仪器的话，势必要付出辛苦的努力，不脚踏实地地拼搏是不行的。搞金融却不用如此辛苦，只是在桌子上敲一敲计算机键盘就能动用数兆日元的钱，可以一夜暴富。所以，很多日本的年轻人都渴望进这样的金融界工作。

以人类的欲望为引擎，资本主义实现了今天的发展。特别是在金融界，以华尔街为中心，运用金融工程学的人们的欲望促进了资本主义的急速发展。但是，我一直都认为如果人任凭欲望驱使做各种事情，那么事情就会发展到无法挽回的地步。

次贷危机的根源在于政府采用放宽限制的政策，时任美国联邦储备委员会（简称美联储，英语缩写 FRB）主席的艾伦·格林斯潘出席了美国众议院的听证会，在 4 个小时内回答了来自议员的诸多提问。

有人就次贷危机问题质疑他："次贷危机的爆发难道不是由于你在做美联储主席的时候，对金融机构的监管不力吗？"

格林斯潘回答："当时我认为放宽对金融市场的限制是件好事。我过于相信自由经济、自由市场所发挥的作用了……其实应该有所限制……"

当议长问道："这是不是意味着，你认为的自由、竞争激烈的市场最好，应该放任自由市场发展的这种信念是不对的？"格林斯潘回复说也许是吧。

格林斯潘承认，他认为放宽限制，人们可以自由地进行交易，创造、贩卖各种各样的东西，是件好事。

任凭欲望横冲直撞，这才导致了金融危机。也就是说，以人类的欲望为原动力而发展起来的现代金融业界，会因此而告败。

从采集社会到农耕社会的转变

我想从人类历史的角度来回顾人类的"欲望"。

人类生活在地球上，也有几百万年的时间了吧。人类诞生于非洲，从非洲扩散到地球的各个角落。距今一万多年以前，人类还在通过渔猎采集维持生活。那时日本差不多应该处于绳文时代吧，人们或进入森林采摘树木的果实，或进到江河湖海捕鱼。那时候的人类是通过渔猎与采集生存的，是与动物、植物等地球上的生物圈和谐共生的。以此为生的人类并不满足于此，他们产生了"只是这样还不够"的想法，于是开始开拓森林，种植牧草，饲养家畜。也有一部分人，砍伐森林，然后开始耕地、种麦子。从一万多年以前起，人们就开始了畜牧农耕的生活。

渔猎采集时，如遭遇恶劣天气，就采不到什么果实。

那个时候，人类在为温饱问题而苦恼。受气候变化等问题困扰的人类，试图凭借自己的力量征服自然，用自己的智慧创造东西，使自己的生活安定下来。

从渔猎采集到畜牧农耕的转变，出现在一万多年以前。

之后，人类一边储藏着食物，一边不断地发展。随着人口增加，耕地越来越紧张，于是，人类又进一步开垦森林，纷纷扩大农耕地和牧草地，实现了繁荣发展。

大量生产、大量消费、大量废弃的当今经济体系

在距今 250 多年以前，人类掌握了新的技术。

在英国，以蒸汽机的发明为契机，爆发了工业革命。从此，人类就开始了与自然界其他动植物完全不同的生活。

其他的动植物依存于自然界，并在自然界中生存。只有人类用自己的智慧牧畜农耕，凭借自己的力量生存下去，创造了人类圈。工业革命之后，人类开始利用以蒸汽机为首的动力资源。在此之前，牛和马是主要的动力来源。自此，人类开始运用自己的智慧创造新的能源。

人类具有好奇心和探索欲。因此，掌握动力的人类在"想过更丰富多彩的生活""想要创造更方便的社会"的欲望驱使下，发展了各项科学技术，创造出现在的物质文明。

在短短不到 300 年的时间里，人类就创造出了如此丰富多彩而又方便的社会。直到现在，人类还在"生活得更好更

方便"的欲望之下，不断革新新技术。

人类所怀抱的欲望，驱动着大脑拼命地思考，创造了当今发达的物质文明。

现在的经济体系是以"大量生产""大量消费""大量废弃"为基础确立的。为了实现经济发展，人类不得不创造大量产品，使用大量产品，再把它们抛弃。我认为，通常情况下不能这样浪费，但从现在的经济学角度来看，这居然是经济发展的基础。

我曾在早稻田大学的吉村作治[①]先生的陪同下，与哲学家梅原猛[②]夫妇一起走访过埃及。

吉村先生邀请我说请一定要去看看埃及文明，于是我和妻子第一次去了埃及。吉村先生是这一领域的专家，在一周的参观走访里，他做了向导说明，我非常受教。

据说埃及文明的发展始于距今 5000 多年以前，持续了3000 多年后灭亡，现在就只剩下金字塔了。众所周知，包含以底格里斯—幼发拉底河为中心、曾经盛极一时的美索不

---

① 吉村作治，1943 年生，日本考古学家。
② 梅原猛，1925 年生，日本哲学评论家。

达米亚文明在内，在全世界各个地方都出现过繁荣兴盛的古代文明。但是，能持续 1000 年的文明并不多，大部分都不到几百年的光景就已没落。有些文明保存了宏伟的遗迹，有些则早已风化，更不要说遗迹。特别是，底格里斯—幼发拉底河一带，据说这里曾经被茂盛的森林覆盖，是富足的粮仓地带，现在却疮痍满目，目光所到之处都是荒芜的沙漠。

　　征服自然、一味向自然索取，最终良田会化作沙漠，璀璨的文明也随之消逝。

近代物质文明也有可能会消亡

人类创造的文明从其轨迹来看，大都并没有延续很长时间。既然如此，仅仅在数百年前，以工业革命为契机开始的近代物质文明也有可能在近期内灭亡。

日本的物质文明从明治以来只有大约 150 年的历程。以现在播放的大河剧①《笃姬》为例，直到当时，人们从萨摩（鹿儿岛）到江户也都是依靠双腿。老爷们坐着轿子去江户也仅是 150 年前的事情而已。150 年的时间里，我们创造出了现在这个便利的社会。但是，这个社会能持续多久呢？

在欲望的驱使下，只有人类得到繁荣，只有人类享受着美好的生活。人类创造出一个完全不同于其他动植物生存的世界，竭尽所能地利用并欺凌其他动植物。伤害了自然，我

---

① NKH 自 1967 年开始播放的大型历史电视剧系列的总称，内容大多描述日本历史人物生涯或时代兴衰，但也存在原创的架空人物。

们人类却过上了美好的生活。

这就是眼下的地球环境问题。这样下去，地球环境会遭受破坏，地球会陷入无法挽回的境地。

在距今 200 多年以前的江户时代，地球上只有 10 亿人左右，而现在已经膨胀到了 70 多亿人。恐怕到 21 世纪末，不，也许无须到 21 世纪末就能达到 100 亿人。

如果这 100 亿人想要活得更"潇洒"，过更为奢侈的生活，那么就需要比现在多得多的能源。当然，同时也需要食物和水资源。

征服、伤害这地球上的一切自然环境和动植物，最后只剩下人类的话，这 100 亿人能存活下去吗？很多有识之士和专家都认为这是不可能的。

也许现代文明在 2050 年，也就是距今 30 多年就会崩溃。

但是，能提出"这个地球可能不保"来给大家敲响警钟的人太少太少了。全世界的人都认为这样破坏下去没关系，所以大家都想继续过更为铺张的生活。

过去人类所创造出来的文明，也都是在人类放任欲望的基础上发展起来的，而后当欲望膨胀到极限之时，文明轰然崩塌，一切沦为遗迹。如今的金融危机这一现象，就是现代文明重蹈覆辙的先兆。

我很担心人类今后能否存活下去。我们以对欲望听之任之的态度开发新技术，持续发展文明，但到底能持续多久，是一个很严重的问题。我想这是全人类的课题。

人类真的能一直生存下去吗？

　　接下来，我想提出一个重要的命题：人类是否真的能生存下去？现在我们正处在这一危机之中。

　　刚刚讲到全球范围内的人类历史问题，从任凭欲望驰骋的金融界破产并陷入危机的例子开始，说到除金融界，人类自身的生存危机正在逼近。接下来，我想从个人的角度来考量这个问题。

　　想成为有名的人、想成为有钱人，或者想成为一个踏实认真的学者，这些都是人类的欲望。我们每个人都把这种欲望作为原动力拼命努力着。只要坚持不懈地努力，谁都会成功。

　　我在 27 岁的时候，有幸建立了一家名叫京瓷的公司，做企业的经营者一直做到现在。

　　60 年前，日本曾是一片废墟。第二次世界大战中，在美军的空袭下日本只剩下残垣断壁。特别是冲绳，因为和美军陆上作战，情况十分凄惨。

当时在故乡鹿儿岛市内，甚至连一栋房子都没有。我记得从伊敷和武冈方向看过来，眼前只有海和樱岛，整个城市成了一片废墟，只剩下几根烧焦的电线杆。

日本已经荒废到如此程度，我们的前辈从战争的废墟上做起了生意。中内先生创建了大荣超市，他曾经在菲律宾战场上从死亡线上挣扎过来，退伍后开始在大阪经营小超市，最终发展成了著名的大荣。

松下电器产业（现松下）也是这样。松下幸之助先生在战前已经取得了一定程度的成功，而后又在一片废墟中重振松下电器。而索尼是井深大先生和盛田昭夫先生两个人在一片焦土中开创的公司。现在很多日本有名的公司都始于战后，是我们的前辈通过艰辛努力创建的。

以无节制的欲望为基础的发展，
可以一直持续下去吗？

　　上文提到的这几位白手起家的企业家和我仅仅相差 15 岁左右，我经常在各种聚会上遇到井深先生、盛田先生、中内先生等企业家，他们都是非常努力、杰出的人物，但其中也不乏晚年生活不顺利的人。

　　刚才谈到了人类的历史和金融界的历史，同样地，对个人而言，我们也会以欲望为动力努力获得成功。但是，欲望过度膨胀，最终会成为走向没落的导火线。人类的兴亡是如此，于我们每个人而言更是如此。

　　即使我们努力学习，他日功成名就，也不要忘记"谦逊"二字，务必要戒骄戒躁。

　　各位都是未来的栋梁，我想让大家明白，人，头脑精明固然重要，但是人品优良才是重中之重。真正优秀的人，应该诚实、认真，并懂得谦逊。希望各位能够成为具备这些良好品性的人。

以欲望驱动人生，确实会有所成长，有所成功。但是，如果为了"成长"和"成功"，放任欲望过度膨胀，那就是自寻死路，不仅个人会走向没落，地球本身状况也会越来越糟糕。

从人类史的角度来看，现在这样的发展状态能够一直持续下去吗？像现在这样肆意消耗能源，到底能不能坚持到2050年还得另说，人口一旦超过100亿，食物也会发生短缺。

民族之间也会纷争不断，也许国家之间还会为了抢占资源而挑起战争。

届时，核武器的问题将被重新摆上桌面。核武器的扩散，可能会引发核战争。人类也许会因为核战争而走向自我灭亡之路。

因此，通过这次的金融危机，我们应该思考的是"以无节制的欲望为基础的发展，可以一直持续下去吗"。

抑制欲望，是人类的命题

　　佛教有"知足"一词，这是佛陀传授的教义之一，其含义是"适可而止"，懂得节制欲望的膨胀。我认为，所谓"知足"，正是当今社会所必需的一种哲学智慧。

　　绝不贪婪，对当前所拥有的一切心怀感恩，对地球上的所有生物心怀慈悲，珍视一切，并与之共生。我认为，现在我们很需要"知足"。贪得无厌的欲望会让人类飞速发展，虽然欲望作为原动力可以促进一时的发展，但如若放任不管，就会不可避免地走向没落与衰败。不只是个人，国家乃至整个人类都是如此。

　　所谓"抑制欲望"，是人类范畴的命题。尽管如此，大学却并不会传授怎么去抑制欲望，甚至没有人认为这是一个问题。

　　释迦牟尼认为，受欲望摆布的人类一定会走向毁灭，所以若是想开悟就必须舍弃欲望，然后以近似瑜伽的方式修行，辅以冥想，最终得以开悟。所谓开悟，即是脱离欲望的囚笼而得到"解脱"，释迦牟尼如是说。但是，直到 2500 年后的今天，依然没有人可以解决"抑制欲望"这一人类的命题。当然，有一部分人通过瑜伽和冥想，在某种程度上得到些许开悟，但是在 70 亿的茫茫人海里，只有区区几十人得到解脱是无济于事的。

共存的"利己之心"
和"利他之心"

　　人不能逃避欲望，原因在于我们人类自己的"内心"。欲望，深深地根植在人类的内心。

　　释迦牟尼说它是"烦恼"，也可以称为"本能"，其实这是一颗自私自利的利己之心。

　　与此同时，一颗充满博爱和温柔体贴之情的利他之心也存在于我们的心中。利他之心和利己之心，这两种"心"共存在我们的内心。

　　京都大学素以研究类人猿而闻名世界，我曾有机会同一位在非洲刚果研究黑猩猩的现任京都大学的老师聊天，他给我讲了一件令我大吃一惊的事。

　　即使是在与人类最为接近的黑猩猩的世界中，也不会出现与朋友分享食物的情况。虽然母亲会给自己的幼崽提供母乳或食物，但不会与已经成年的朋友、兄弟、子女共享食物。

据说不仅是黑猩猩，其他动物也不会这样做。

但是人类会和家人一同进食，甚至，如遇喜事，还要把亲戚叫过来一同用餐。想要将美食分享给他人的这种"心"，即使最接近人类的黑猩猩也并不具有。

也就是说，只有人类才拥有这样善良、慈爱的心。仅凭对吃饭这一场景的窥探，我们就能明白，自然只赋予了人类一颗美好的心。

动物只因烦恼而行动，它们绝不会把自己的食物分给伙伴，甚至吃饭时有同伴靠近会非常生气。无论是狗还是猫，都是这样。如果把食物分享给同伴，那么自己就难以存活。为了保护自己的肉体，为了能生存下去，动物被自然界赋予了烦恼。

与此同时，自然界只把利他之心赋予人类，赐给了我们慈爱之心。利己之心和利他之心共存于我们的内心之中。

如心所愿

大家一定要先思而后行。带着自己的思考与想法进行实践，这些实践积累在一起便是今后的人生。

比方说，这个名为稻盛和夫的男人从出生到今天超过 80 年，在此期间只实践过自己的想法，自己没想过的事一件都没做过。

我们可以说"你现在所处的环境和状态，都是你内心的反映"。因为一直以来，心中的所思所想打造了现在的自己，所以谁都无法对当下的状态有什么怨言。一切都起源于你心中所想。

实现自己的所思所想，每一个"想法"积累成就了今天的自己。想要实现心中的梦想，是人类的本能，而这种本能，创造了现在的社会。

科学技术的发展也是起源于以欲望为基础的"想拥有更方便的东西"的想法。当我们想着人类能否飞上天空，人类便由此开动脑筋，运用智慧不断开发研究，最终让飞机问世。"飞上天空"的想法是动机，这种动机来源于"想要变得更方便"的欲望。人类社会现在的所有产品都是这样被发明出来的。

以善恶而非得失为思考判断的标准

翻阅到此处的各位，现在都在描绘着什么样的梦想呢？仔细想想，是欲望引发了这些思想的汹涌和梦想的澎湃。所有的想法都源于对自己而言的好坏评判和得失标准。

无论是名牌大学的老师还是其他从业者，撕去伪装后，大家其实都只是从自己的利益出发去评判其他人和事。"想法"来自欲望，因此我们总是会算计得失。

仅凭欲望的驱使而努力，也许会获得一时的成功，但最终也必然会走向没落。

因此，我们应该用心中的利他之心去评判事物。在作判断的时候，不要以得失，而应该以善恶作为判断标准进行思考。比如说，判断一件事，要看它对人类、对大家来说是好事还是坏事，这就是以善恶进行判断。

刚才也提到过，人的心中同时存在着利己之心和利他之心。利他之心为善，利己之心为恶。重要的是在思考问题的时候不局限于个人的得失，而是应该从对人类好坏的角度去考量。

　　或许我们做不到开悟或者解脱，但至少要压制邪念，哪怕只是一点点。我们还是要压住"只为自己考虑"的自私的利己之心，如若不然，每个人都会以自身得失作为行事标准。所以，请务必时常抑制自私的那个自己。

利己之心蠢蠢欲动的时候，
要拿出良心狠狠地敲打一番

　　历史长河中涌现的圣贤都曾告诫人们，想要获得解脱与开悟，必须通过一系列的修行，比如冥想。

　　然而我辈生活的现代社会毕竟与先贤生活的时代大不相同，我们无法水米不进地一直冥想下去。因为我们不得不工作，所以没有修行的时间。那么，我们应该怎样做才能抑制利己之心，让利他之心时常在心中占据主导地位呢？

　　现在，在美国，瑜伽之风很是盛行。瑜伽源自印度，据说释迦牟尼也曾学习过瑜伽。很多寻求精神方面慰藉的人都在学习瑜伽。

　　但是，就个人的生活状态而言，我根本没有时间练习。那么，为了消除自私自利的邪恶之心，可以时刻心系佛陀所言的"知足"。每当"以我为先"的利己之心蠢蠢欲动之时，我都会提醒自己"就到此为止吧，不要贪得无厌"，然后像打地鼠一样将利己之心敲下去。一旦有自私的念头冒出来，我就会用自己的良心敲打一番。

人们的心中，同时存在着一个"恶"的利己之心和一个"善"的利他之心，双方此消彼长，如果利己之心变少了，那么利他之心在心中的比重就会增加。

心的容量是固定的。

到底是利己之心占据优势，还是利他之心占了主导，我以为，只要我们努力地节制利己之心，渐渐就会有所体悟，慢慢地就能作出最佳的判断。

勿忘保持关怀之心的重要性

当你能控制自己的利己之心，从而使充满温柔关怀之情的利他之心占据主要位置的时候，周围的人就会说"他的人品变好了"，或者说"他是个品格高尚的人"。

所谓磨砺人格，磨砺自身，说的就是要使利他之心占据心中的主要位置。这世上不存在没有欲望的人，即便是圣人君子也做不到。为了让我们顺利获取生存资料，自然界赋予了人类欲望。

我们不必成为圣人君子，但需要努力增加一些对他人的温柔关怀之心，哪怕只有一点点也好。

如果大多数人都意识不到这一点，那么我们现在所拥有的现代文明恐怕最多也就只能维持半个世纪吧。

我在稻盛财团中建立了一个专门研究小组，希望能尽早开展行动对人类敲响警钟，应对当前的危机。

　　再不采取行动就晚了——抱着这样的危机感，研究小组邀请了日本各个方面的专家学者，如考古学家、天文学家等，开始展开研究。

　　以前，曾有一个叫作罗马俱乐部^①的组织给人类敲响过警钟。至今，罗马俱乐部还在专注地研究着地球规模的问题，而我们在日本也开始了这样的研究，还开始开办学习会，以期能尽早地给大家敲响警钟。

---

① 　国际性民间学术团体。

与下一代朋友们的对话② *

【提问】当为了家庭和公司不得不挣钱的时候，如何做到"知足"？

您这次演讲围绕的是欲望这个话题，您刚刚说造成此次金融危机的原因在于欲望的膨胀。我想，其中不乏有一些人的欲望源于"想为家人挣钱""想为公司挣钱"，而在那些背负贷款的低收入者之中，当然也有为了守护自己的家人才想要购置房子的人。

我想这些"为了守护家人或公司"的想法应该算是"利他"的想法吧，但是为此不断想要挣钱的时候，最终怎样判断出应该什么时候"知足"呢？这是我有疑问的地方。

---

* 2008 年 10 月 29 日举行了鹿儿岛大学工学部稻盛学生奖的颁奖仪式，在稻盛先生进行特别讲座的时候，在场的学生提出了自己的问题。

【回答】欲望是否过度膨胀，等结果一出便知。

你的问题切中要害。

的确，"知足"因人而异。

正如你刚才所言，即使是在金融界，人们也是为了"守护家人""守护公司"才产生了欲望。这当然接近利他之心。一旦涉及他人，"利己"就变成了"利他"。

因此，一些看似是利己的事，如果变成了为了国家和社会而做，实际上就变成了"利他"。

那么，以善意的"利己"作为开端的时候，应该在什么时候"知足"呢？例子中提到的金融危机是贪婪的欲望不断膨胀的结果。美国甚至还打造出一无是处的金融衍生品，然后满不在乎地在全世界出售了数百兆日元，这就是问题所在。

怎么算欲望过度膨胀，应该在什么时候"知足"，这个问题因人而异。但从结果来看，现在发生的金融危机只能归结于欲望的过度膨胀。

就像你说的那样，"知足"是很主观的概念，每个人的理解都不一样。比如经营一家小的餐厅，靠着餐厅能让家人衣食无忧。在这种情况下，有人会知足地想：这样挺好，我就到此为止吧，如果还有些精力的话，他会选择当个志愿者帮助别人，或者把存下来的钱捐出去贡献社会。

也有人会觉得开一家餐厅远远不够，还要开 3 家左右；还有人想开 100 家连锁店，把餐厅做得更大。"知足"就是这么主观的概念。

所以，当一切有了结果，我们才能知道"知足"的时机和欲望是否过度膨胀，但此时事情往往已经无法挽回了。

当我们意识到"当时要是知道知足就好了"的时候，一切都为时已晚。因此，我们应该提前防范，在欲望膨胀之时不要存在侥幸心理。

【提问】真的可以把素不相识的人的幸福当成自己的幸福吗？

如今物质文明很发达，在这个时代里即便不考虑为什么而生也能稀里糊涂地生存下去。只要我们能思考一下为什么而生，继而采取行动，就能解决人类的发展和存续问题。

我认为自己的良心要求自己必须思考人类的存续问题，但或许是我的利己之心在作祟吧，我有时也会想，为什么我要顾及那些素未谋面的未来的人和不曾相遇的人的幸福呢？

我想问您的是，在这种时候，把未来的人或是与自己未曾谋面的人的幸福和生存同眼下的自己的幸福放在一起思考的关键是什么？或者说是连接利他和利己的桥梁是什么？

【回答】利他所带来的幸福感是清爽、纯净、无与伦比的。

这个问题非常好，同时也是个有难度的问题。

这个问题是，为什么我们一定要期盼素未谋面的人的幸福。可能我的表达不是十分准确，我认为幸福的感知方式有两种。

其一，举个夸张点的例子：当我们吃到非常美味的东西时，就会十分感动地说："真好吃啊。"这是欲望得到满足时产生的感动。

其二，则是利他之心启动时的感动。我一时还形容不出来，比如说，乘坐公共交通工具的时候，当身体有障碍或是年老的人走到你的面前时，你会迅速站起身来说一句"您请"，然后把座位让给对方。这时，对方就会非常开心地感激你说"谢谢你啊"，然后就坐下了。这时你所感受到的一种难以形容的好心情和吃到美食时的感动与喜悦在性质上有着些许差别，这种好心情使人神清气爽，并感受到无法言说的幸福。

也就是说，利他时的幸福感和利己时的幸福感有着些许不同。当感受利他的幸福感已经成了一种习惯，欲望得到满足时的幸福感无法与这种幸福感相提并论，那是一种清爽、纯净、无与伦比的感受，所以我觉得你应该已经决定要开始做些利他的事了，是不是?

（稻盛和夫先生于 2008 年 10 月 29 日在鹿儿岛大学工学部稻盛学生奖的颁奖典礼上举办了特别讲座，本稿是在讲座的基础上重新编辑而成。）

第三章

六项精进：开拓专属于自己的道路

为了度过硕果累累的美好人生

　　下面，我想介绍一下我从很早就开始在思考的"六项精进"的内容。我想这是个很枯燥的话题，但实际上要想度过美好的人生，首先应当做好这些枯燥的事。

　　我想，现在没有人会教我们这些事情了，但不可否认的是，人生如若太过平坦，并不是一件好事，只有快乐与顺遂的人生其实并不美好。如果想成为技术开发、研究开发领域的"人上人"，并且想度过了无遗憾的人生，我认为采用这种近乎禁欲的、认真的生存方式很重要：

- 付出不亚于任何人的努力
- 要谦虚，不要骄傲
- 每天自我反省
- 对生命感恩
- 积善行，思利他

●摒弃感性带来的烦恼

我把"六项精进"烧刻在茶杯上，每天早晚，都会用这个杯子喝茶。并且，每天有意识地逐条看一遍，不知不觉间就掌握了内容。

如果各位也想实践一下，就请把这"六项精进"一览无余地写在一张纸上，然后贴在手账的封面上，注意到的时候可以随时翻看，那么我想各位终将度过硕果累累的美好人生。

付出不亚于任何人的努力

　　"付出不亚于任何人的努力"是"六项精进"的第一项。

　　无论是在工作中，还是在研究中，最重要的是"付出不亚于任何人的努力"。换句话说，我认为"每天拼尽全力地工作"中的"拼尽全力"4个字是工作或研究中最为重要的事。

　　并且，为了拥有幸福、美好的人生，也应该每天认真地工作。

　　如果没有"拼命努力"这一条件，而凭空获得事业上的成功或者人生的巅峰，这是不可取的。厌烦拼命努力、总想着偷懒的人，莫说事业上无法获得成功，人生也并不会完满。

　　更极端地说，只要肯拼命地努力，工作上就能心想事成，无论经济是否景气，无论身处什么样的时代，只要拼尽全力地努力，就完全可以战胜这些苦难。

　　一般大家都说，在工作中，战略、战术很重要，但是我认为除了拼命努力以外，再没有道路通向成功。

如今这个时代，即使不拼命努力，好歹也能混口饭吃，甚至还能过上富足的生活。我上学的那个时代，是一个真正贫穷的时代，加上我们家族本身贫穷，所以我不得不拼命地工作。但是从现在大家的生活环境来看，即使不拼命努力也能解决温饱问题，过上普通人的生活。我想，仅凭这一点，大家就容易对拼命努力产生轻视的情绪。

大多数人从学校毕业后步入社会，就职新公司时都会抱怨连连，说这不是自己想干的工作，或者不是自己想要做的研究。

其实能够做自己喜欢的研究、搞自己喜欢的技术开发、进入自己心仪的公司、从事自己喜欢的职业的人凤毛麟角，也就是说，在这世上很多工作出色的人，做的也并不是自己喜欢的事，也许只是刚好赶上了一份工作，并努力地让自己喜欢上这份工作而已。为了能拼命地付出努力，首先我们应该努力地让自己喜欢上当下上天赋予的工作或者研究。

一个人为什么能日复一日不知疲倦地为了那种工作、那种枯燥乏味的研究而努力呢？也许旁人会有此疑问。

但是，只要自己喜欢，就会觉得有趣得不得了，完全不会介意旁人的看法。

正因如此，我觉得重要的是要先爱上自己的工作。我时常劝说自己，"热爱工作"的意思就是"沉迷于工作"。

小时候，常听大人说"有情千里如一里"。这句话的寓意是，只要想去见心爱的人，哪怕千里的路程也会觉得只有一里远。

我经常会说，除了拼命努力，人生成功别无他法。所谓人生，只有拼尽全身力气，神明才会眷顾你。无论是研究开发、技术开发，还是公司经营，付出的一切努力都能与收获的成功成正比。也许大家会觉得难以置信，但请务必专心、努力地工作。

要谦虚，不要骄傲

第二项便是"要谦虚，不要骄傲"。我认为，谦虚是构成人类人格的品质中最重要的部分。

我们通过拼命辛苦的努力，灵魂受到磨砺，人品得到提升，也学到了谦虚的品格。

我认为这种谦虚的品格非常重要。尤其是对我们技术人员而言，我想各位以后都会在研发和技术开发领域就职，一旦拼命努力获得了成功，自然会受到周围人奉承。今天在此也有受到表彰的朋友，这种情况下人很容易骄傲起来，不自觉地认为自己很了不起。

在我遇到的一些"成功人士"之中，能够保持谦虚的人甚少，基本都变成了高雅的傲慢。

最终，无论是在工作上还是在事业上，走向衰败的事例比比皆是。请参考战后的经济界，甚至可以说每一位都是在年轻时努力打拼创建了非常棒的大公司，然而晚年因地位甚高，周围称赞与阿谀奉承之声不绝于耳，随着财产增多、名声渐大，慢慢变得骄傲起来，最终因此没落。

成功之前就要保持谦虚，这一点很重要。所谓拥有美好品性、高尚品德的人都指的是谦虚的人。

中国古典文学中有一句话叫作"唯谦受福"，说的就是"谦虚的人可以从自然界中、从神明处获取幸福"。

的确如此，我将这些道理铭记在心中，并严厉地告诫自己要保持谦虚，绝不做傲慢的人。谦虚的行为举止和谦虚的态度，是人生道路上非常重要的资质。

所以不论成功与否，我都希望大家能成为一个因人品好而被他人称颂的、具备谦虚品德的人。

每天自我反省

第三项是"每天自我反省"。

我认为，每天在结束工作后、准备睡觉前回想一天中发生的事并进行自省，这是非常重要的。

比如，今天我有没有让别人感到不快？待人接物是否亲善？有没有傲慢待人？做没做卑鄙的事？言行是否利己、自私自利？诸如此类，每晚临睡前，我都会回顾当日的行为举止，反省这一日是否做了正确的事，有没有违背道德与人性。我认为，每晚的自省非常重要。

反省中，我们会发现自己言行的失当之处，之后便会有意识地加以改正。日复一日地自省和改正，如此每天进行反省，可以磨炼我们的人格甚至是灵魂。

同时，每天自省也是度过一个美好人生的必要条件。

上文中我曾多次提到过，我相信，在拼命地"付出不亚于任何人的努力"的同时，如果还能日复一日地"反省"，我们的灵魂就会得到净化，变得更加纯粹、美好与善良。

　　年轻时，我偶尔也会变得傲慢。于是，我将"自省"作为一种日课，融入日常生活中。当然，我并没能做到每天每时反省自己，每当意识到的时候就会反省一下。

　　上年纪之后，我遇见了一本书，那就是活跃在 20 世纪初的英国哲学家詹姆斯·艾伦所著的《原因与结果的法则》。读过这本书之后，我懂得了"所谓反省，就是耕耘，修整自己的内心之庭"。

　　在人的内心深处，同时居住着善良美好之心和卑鄙自私的邪恶之心。

　　詹姆斯·艾伦的话深深触动了我，在这里我想将以下几句分享给各位读者：

　　　　我们选择正确的思想，
　　　　并让它在头脑里扎根，
　　　　我们就能升华为高尚的人。
　　　　我们选择错误的思想，
　　　　并让它在头脑里扎根，
　　　　我们就会堕落为禽兽。

播种者心灵中的一切思想的种子，

只会生长出同类的东西，

或迟或早，它们必将开出行为之花，

结出环境之果。

好思想结善果，坏思想结恶果。

也就是说，只要我们注意养护心灵，在心中不断培育正确、美好的想法，我们就能成长为高尚、优秀的人；反之，若是选择了错误的思想并让它在头脑里扎根，我们也能沦落成像禽兽一样的人。

在这个世界上，不断发生着凶恶的犯罪事件，令人不敢相信是人类所为，还有一些骇人听闻的事，如父母杀死自己的孩子，或者孩子谋杀了亲生父母，等等。

同为人类却做出如此有违人伦的事，这是由于他们没有抚育一颗正确、崇高、美好的心灵，而是将错误、邪恶的想法种在了自己的心田里，最终变成了像禽兽一样的人。

因此，我们应该时刻关注自己的内心之庭，应及时拔除杂草，播撒自己喜欢的美丽的花草种子，并精心浇灌、施肥，加以管理。

这正是所谓的"每天自我反省"。我想，我们可以通过反省，磨砺内心，驱除邪念，在心中培育美好的善念，这终将带领我们踏上幸福美好的人生。

我们通常将自己的邪念、自私的想法称为"自我"。我说过很多次了，抑制这个自我，使自己的善心在心中生根发芽，这个过程就是"反省"。而所谓善心，其实就是"真我"。

所谓"真我"，存在于我们内心最深处，是与人为善的"利他之心"。

在人的内心最深处，都存在着真我。引出潜藏在深处的真我就会发现其中充满了美好的利他之心和慈悲之心。温柔体贴的心，便是真我的本质。

真我虽然存在于我们每个人的内心中，但是它潜藏得太深，人们总是被浮上心头的邪念蒙蔽，忘记了内心深处的美好。

所以，我认为我们应该剔除表面的邪念，让隐藏在下面的利他之心、真我浮出水面。

詹姆斯·艾伦主张，在人的心中这两种"心"并存，为了能让真我真正地萌发，我们应该清除利己的自我。

对生命感恩

第四项是"对生命感恩"。感恩，是我人生中非常重要的事。

人绝不能独活于世。人类的生存仰仗着周围一切事物的支撑，如空气、水、食物、家人、同事、服务人员，还有这个我们居住的社会等。不，与其说是"生存"，不如用"被赋予生命"来表达更为贴切。

如此说来，只要我们健康地活着，就自然应该感恩。

心怀感恩之心，比较容易感知到人生的幸福。我相信对生存，不，是对被赋予生命心怀感恩，怀有一颗可以感受到幸福的心，会使人生变得富足、沉静、美好。

不要再愤愤不平了，感恩我们所处的现状，同时向着更高的目标努力奋斗。

为此，我认为人类每天首先应该感谢上天赐予了我们生命，并对围绕在我们身边的一切人、事、物说一句"谢谢"。

不过，虽然嘴上说着要心怀感恩，实际却很难做到。其实我在年轻时也曾对此产生过反感，并反抗过。

但是，我劝诫自己，哪怕言不由衷也要说句"谢谢你"表达感谢，这很重要，于是我一直坚持至今。只要自己把"真是太感谢了""谢谢"挂在嘴边，久而久之自然地就成为一种习惯。

将感谢之情表达出来，不仅自己听后能变得诚恳，同时也能给周围的人带来好心情，大家都能处在平和快乐的氛围之中。

反之，愤愤不平的紧张氛围会给自己乃至身边人带来不幸。

一句"谢谢"可以在周围营造出美好的氛围。

我想大家有这样的经历，在公交车上给老人让座，老人会弯腰对你说一句"谢谢你"。这时，让座的你会感到心情很舒畅，同时也给看到这一幕的周围人传递了"正能量"。

善意可以传递给周围的人们，善意是循环不止的。我想，当善言善行逐一传递下去，社会就会变得更加美好吧。

就连对生存在这世上，也应心怀感恩，说一声"谢谢"。

除此之外，在日本还有一句表达感谢的说法："劳您费心。"①

这种表达方式体现了谦逊的美德，经常用于表示自己何德何能可以如此受到幸运的眷顾等，或是如此待遇实在是受之有愧。这句话与"谢谢"一样，都用来表达谢意。

另外，还有一种表达方式"不胜感激"②，最近已经很少使用了。以前武士阶级的人会使用"不胜感激"这句话，这也是由"谢谢"转变而来的表达方式。

无论多么微不足道的事，我们都应该表示感谢，这无比重要。

"谢谢""劳您费心""不胜感激"这些话语蕴含着强大的力量。它们是万能药，既能使自己的心情更加美好，也能让包括听者在内的身边的人感觉到暖意。我认为，感谢的话语拥有伟大的力量，是幸福人生的源泉。

因此，我认为我们应该学会在日常生活中经常性、自然而然地使用"谢谢"这句话。

---

① 日语：もったいのうございます。
② 日语：かたじけない。

积善行、思利他

第五项是"积善行、思利他"。

正如前文所言，人活在世上，应该行善举。这正是有利于他人、积累利他之行。

中国古代典籍中有言："积善之家，必有余庆。"也就是说，积善行之家，总会发生各种各样的喜事。意思是说，积累善行、利他之行的家庭会得到善报。

中国人相信，祖先积累善行、利他之行，会庇佑后世子孙。

从很早开始，我就坚信这个世上存在着善有善报的法则，并把它介绍给身边的人。

安冈正笃先生是东洋思想家，并以阳明学研究者闻名于世。我年轻时曾读过他的《命运和立命》一书，深铭肺腑。

先生认为，这个世界上存在着因果报应的法则。如果一个人能够多行善举，那么他的一生将得到善报。如此这般积累利他之行十分重要，也就是说要以一颗热情、周到、慈悲的心与人为善。

安冈正笃先生在《命运和立命》一书中阐述了如下几点主旨：

> 相信命运的存在。
>
> 人在命运的指引下生存，
>
> 在一生中，会有各种想法，做各种各样的事。
>
> 是思善、行善，
>
> 还是思恶、行恶？
>
> 命运会因你的选择而改变。
>
> 命运并不是一成不变的。

安冈正笃先生认为，只要我们存善心、行善举，命运的风帆会转向光明的方向；反之，存恶心、行恶事，命运的风帆会转向黑暗的方向。

我认为，行善举，即待人接物亲切友善，是非常重要的。

只是，在此需要添加若干注解。

在日本，从前有句话叫作"人情岂为他人做"。意思是说，为了他人所做的善行，一定会被归还回来。与人方便，其实并不是为了别人，而是为了与己方便。

不过，也经常会有因对别人好心好意却导致自己遭遇难堪、遭受伤害的例子。

例如，曾经一个人的朋友财政困难，请求他做借款担保人，他觉得这是在帮助朋友，所以同意了做连带担保人，没想到就此惹来了大麻烦，害得自己倾家荡产。

鉴于此，我认为善行可以分为两种，一种是小善，另一种是大善。

所谓小善，就是当朋友遇到困难，他希望你能当他的借款连带担保人时，你觉得他很可怜，就同意了他的请求。

当朋友希望你能做他的借款担保人的时候，应该仔细询问他为什么需要借那么多的钱，如果他是因为胡乱经营公司、生活态度荒唐放荡才沦落至如此地步，那么答应成为他的担保人，反而会把朋友带至深渊。这个时候你需要断然拒绝他："不，也许你现在身陷困难之中，但我认为我做你的担保人对你没什么好处。"也许对方会觉得你薄情寡义，但事实上这才是大善。善行中的大善，近似于"无情"。

痛快地答应对方愿意做担保人，这是一种小善，可能会让朋友就此一蹶不振，自身也可能会倾家荡产。

我认为，在积累善行和利他之行、亲切友善地对待别人时，一定要先思考小善和大善的问题。直到现在我也一直都在这样做。

比如，做父母的总觉得自己的孩子特别可爱，非常宠爱他，想尽可能地满足孩子的一切要求，纵容溺爱。因此，孩子长大后无法顺利融入社会，人生也变得命途多舛。

溺爱孩子，原本是打算对孩子积累善行，但其实这种"善行"是小善。

因为施行"小善"，而导致孩子没能成长为一个顶天立地的大人，从结果上看其实是行大恶。人们常说的"小善如大恶"，就是这个道理。

在教育孩子的过程中，我们不能一味地娇惯与迁就，应该严格施教。自古便有俗语说"如果你爱这个孩子，就送他去旅行吧"。

正因为爱孩子，才希望他能在旅途中吃些苦头，从而懂得人生的艰难，这很重要。也许旁人会说，让这么可爱的孩子外出旅行，父母真是狠心，这孩子真可怜。

但是，正是因为旅途艰辛，孩子才能获得奋斗拼搏的宝贵经验，才能长大成为真正意义上的大人。这就是在为把孩子培养成一个优秀的成年人而行大善。

正如大家所言"大善似无情"，从短期来看，行大善的确看起来很无情。为了能把孩子培养成一个卓越的大人，家长往往会被当成一个冷酷的人。但是，我认为，从长远来看，在孩子成长过程中一味地溺爱、施小善，其实是在行大恶。

摒弃感性带来的烦恼

最后一项是"摒弃感性带来的烦恼"。

我们身为一个普通人，经常要面临失败。有时反省之后再次遭遇失败，就会对此耿耿于怀、焦虑不已。我想说的是，不要因这种感性的烦恼而闷闷不乐。

人生中，经常会发生焦虑、失败等惹人烦心的事。但是，俗话说，覆水难收，因失败而一直烦恼悔恨下去是没有任何意义的。

长期郁郁寡欢，会引发心病，甚至危害到身体的健康，使人生陷入不幸。

不要再对已经发生的事烦恼不已，重要的是重新对失败作出反省，然后直接将崭新的想法付诸下一步的行动中。

遭遇失败的时候，反省必不可少。我们应该反省自己为何会失败，然后在心中发誓一定要避免同样的失败。但是，对于人生来说，一直为失败而悔恨不已，绝不是什么好事。

我们时常会担心在工作中遭遇失败，但是无论如何担忧，失败的工作已无法挽回。虽然我们明知懊恼与悔恨没有任何意义，但是依然忍不住后悔："要是能顺利完成就好了。"所谓"摒弃感性带来的烦恼"，指的就是不要让自己再在这种没有意义的事上劳心伤神。已经发生的事情是无法挽回的，迅速振作起来，全身心投入新的工作中去，才是我们应该做的事。

举例来说，当自己身陷丑闻之中，受到道德的谴责和法律的追究，本人自不必说，连父母兄弟、周围的亲朋好友都因此受到牵连。即便身处如此重大的危机之中，我们也不应就此一蹶不振，只需深刻反省原因，并在今后杜绝此类事情的发生，暗下决心，沉心修行，努力洗心革面即可。

但是，时常有人因身陷不光彩的丑闻中，被忧虑搞得身心俱疲，最终以自杀作为了断。我认为，不要因这一次失败就钻牛角尖、一直闷闷不乐，使心情压抑、暗淡。

招致如此祸事，是因为过去自己曾犯下罪孽，也就是说这是自己的"业"。必须进行充分的反省，下决心不要再让类似的事件发生，但完全没有必要一直对此耿耿于怀。

我们应该鼓励身心俱疲、萎靡不振的自己，摒弃感性的烦恼，让自己重新振作起来。这一点很重要，请务必在今后的生活中铭记在心。望诸君今后人生顺遂。

（稻盛和夫先生于 2009 年 10 月 15 日在鹿儿岛大学工学部稻盛学生奖的颁奖典礼上举办了特别讲座，本稿是在讲座的基础上重新编辑而成。）

第四章

职场的哲学

所谓人生，
取决于你的思维方式

本章的主题是"为什么在工作中，或是在经营管理过程中需要哲学"。

这个主题或许看起来有些"高大上"，但是这里所说的"哲学"并不是很高深的学问，而是"想法"的另一种说法——思维方式。也就是说，大家可以把主题理解为"为什么工作和经营管理需要正确的思维方式"。

接下来我要说的问题，对工作、经营管理，甚至对整个人生都非常重要。

哲学，也就是一个人拥有的思维方式，可以决定他的一生，由此可见哲学的重要性。

但是，几乎很少有人会提及这个问题，不管是哪个机构，或是哪位讲师，谁都不会告诉我们。

我活到了这把年纪，经过日复一日的思考，终于明白：所谓人生，取决于一个人的思维方式。但是，即便如此，我发现甚少有人意识到改变想法对于人生的意义。

"我怎么想是我的自由，为什么要听你说三道四？"这是生存在现代社会的我们的想法。不管父母说了什么，都认为"那不重要""自己的思想自己做主"。

因此，对于工作和经营管理来说，哲学是非常重要的。自己的思维方式，或者是社长的思维方式，可以决定人生或者企业的一切。

那么，首先，我想谈谈我迄今为止走过的人生之路。

在转变思维方式之前，
我的人生命途多舛

1932 年，我出生在鹿儿岛市。家中共有 7 个兄弟，我排行老二。当时，父亲经营了一家印刷厂，所以我们家在战前算是比较富裕的。但是，第二次世界大战彻底改变了我的命运。

第二次世界大战结束的前一年，也就是 1944 年，我参加了旧制鹿儿岛一中的入学考试，结果"顺利"落榜。第二年再次挑战，然而又失败了。

我还在战争结束前夕得了肺结核，13 岁差点没了命。当时，鹿儿岛日夜遭受空袭，我就面黄肌瘦地躺在家里，度过了黑暗的少年时代。

最终，家宅在空袭中被焚烧殆尽，战后全家人不得已过上了贫穷的生活，但幸得学校老师的强烈推荐和父母兄弟的支持，我总算是上了高中，最后还得到了上大学的机会。

但是我没能考上当时想去的大阪大学医学部，最后考上的是当时新设立的鹿儿岛大学工学部应用化学专业。以前，在伊敷有一座陆军兵营，鹿儿岛大学工学部就建在兵营的旧址上。

1955 年，我大学毕业，正赶上朝鲜战争结束后经济不景气，就业难成为社会的主要问题。刚从地方的新制大学毕业，没有任何背景的我，怎么也找不到工作。后来终于在大学恩师的介绍下，去了一家当时位于京都的制造输电线绝缘体的公司。

我读的是有机化学专业，本来并没有意愿进入无机化学的公司，但是当时无奈之下只能马上将毕业论文题目改成与无机化学有关的内容，对付着写好毕业论文，然后开始上班。

彼时是第二次世界大战结束的第十个年头，当时入职的这家公司还一直处于赤字状态，就连职工工资都发不出来。一到发工资的日子，公司便会说"真是不好意思，工资还要再等一周才能发"。本来以为至少可以按时领到工资才进了这家公司，没想到工资根本没法按时发放。当时，我独自在京都生活，日子过得非常困难。

公司状况就不用说了，公司安排的宿舍除了面积比较大以外，可谓是破旧不堪，榻榻米表面都破损了。我就在这陋室之中带着买来的小炭炉和锅过着蜗居的生活。

　　当时，大学毕业后同期入职的有 5 个人，在公司这种状况下，虽说处于就业困难时期，还是接二连三有人辞职，到了 8 月份就只剩下两个人了。除了我，另一位九州出身的男生，毕业于京都大学工学部。我们俩互相商量着说"这公司不行啊，咱们辞职吧""辞职咱们去哪儿呢""要不咱们去自卫队干部候补生学校吧，那边应该能正经发工资"。于是，我们俩一起参加了考试。

　　但是，后来我因家人反对，虽然考上了却没能去。而那个人就这样去了自卫队，5 个同期进入公司的大学毕业生中，只剩下我一个人还苦守在公司里。

专心于研究后，
人生开始向好的方向迈进

既然已经如此，再怨天尤人也无济于事了，我决定 180
度转变自己的情绪，也就是说，改变"思维方式"。

在此之前，我一直觉得很沮丧，总是抱怨自己是一个不
走运的人。在大学毕业之前，简直一直在遭遇不幸。参加中
考落榜，参加高考落榜，大学毕业后参加应聘考试也落榜。

我以非常优异的成绩毕业，当时老师也给予了我很大帮
助，他说："稻盛君，即便没有熟人介绍，任何一家公司都会
要你的。"可是，我没能被任何公司录取。渐渐地，我的心中
越发不满，对世间有些怨恨。

实际上，在大学时代，工学部中有空手道部，从冲绳来
的老师曾经传授给我少林寺拳法，我也加入了空手道部开始
练习空手道。我开始对臂力稍微产生了点信心，甚至曾经想
过，在如此不公平的世界中，没有背景就找不到工作，那么

不如就去当个有文化的小混混好了。

这样的我，偶然间经老师介绍进了连续赤字的公司，本来心中就愤愤不平，这下更埋下了不满的种子。

而且，与我同期进公司的人都发着牢骚纷纷辞职了，只有我还留在公司里，我已经无路可退。于是，我突然有所觉悟，思维方式发生了180度的转变。

当时，研究室的课长说："我们公司现在制作的是输电线用的绝缘体，但仅凭这一项公司坚持不了太久。电子时代终将到来，我想开发出高频率的、绝缘性能更好的新型陶瓷材料。这项研究工作就交给你了。"于是，我独自接受了这项任务之后，发现手头根本没有太多有用的资料，只有两三篇美国的论文，还不是什么有用的文献。

但是，既然已经无路可退，我决定专心做好这项研究。开始埋头于研究之后，就连回宿舍的时间也越发珍贵起来，索性把宿舍的锅碗瓢盆等做饭工具带到了研究室，每天实验结束后在研究室里煮饭吃，然后在椅子上打个盹儿。如此这般全神贯注地致力于研究，渐渐地开始有了一些成果。见到了成果，自己也就有了干劲儿，有干劲儿后就更加地投入。

不久，我就得到了上司的表扬，这件事甚至传到了公司董事的耳朵里，董事特意来研究室找到我说："你就是稻盛君啊。听说你的研究做得不错呢。"于是我就更加努力了。

就这样，命运开始往好的方向发展。

我的青年时代多次经历考学失败，大学毕业后也找不到工作，运气一直都不太好。但是，进入公司，开始埋头于研究之后，我的人生逐渐开始向着好的方向迈进。那时候，我对人生的想法第一次发生了转变。

研究进行了大约一年半，我成功地合成了一种叫作"镁橄榄石"的新型高频绝缘材料。在镁橄榄石问世的时候，公司没有能够鉴定此物的装置，所以有时候会自己拼凑出一个高精度测定装置，或者去大学实验室借用，费了很大的力气，终于确定已经成功地合成了新型高频绝缘材料。

恰巧在一年前，有篇论文称美国的 GE 公司成功地合成了该材料，"虽然这边的研究环境很差，但像美国 GE 这么厉害的公司的研究也才在一年前做出的东西，自己竟然成功地研发出来了"，想到这里，我非常兴奋。

当时，正值松下电器大规模生产电视机，松下电器产业集团中的松下电子工业前来询价，想把我开发的材料用作显像管中的绝缘材料。

这下子，不仅是研究，批量生产也开始由我负责。

这对于持续赤字的公司来说也是一个好消息，公司终于迎来了一线生机，公司的高层也十分高兴。

那时电视机销售飞速增长，显像管的订单纷至沓来，生产甚至跟不上订单的速度，我废寝忘食地投入生产之中。

不久有新闻报道了美国公司利用镁橄榄石，研制出了小拇指尖大小的真空管。在此之前，普遍使用的是玻璃做的大真空管。因此，日立制作所从 GE 公司引进了该技术，在日本也开始投入批量生产。由于当时日本只有我在研发这种新型陶瓷材料，日立找到了我，希望我能为他们制造出小型真空管。他们想用新开发的陶瓷真空管制造新款收音机和电视机。而硅材料的登场，是很久以后的事了。

听闻日立的想法，我也很感动并接受了他们的请求，但是努力了多日却不见进展。日立研究所一再催促，但是连样品的制作都并不顺利。

由于日立方面日益不满，当时任技术部长的上司对我说："这件事不能再继续交给你了。虽然此前你一直做得不错，但是现在的工作已经远远超出了你的能力，我决定交给其他研究人员来做。"

公司里有几位毕业于京都大学的领导，他们也一直做着绝缘体研究，所以我的研究就由他们接手了。

我的自尊心受到了很大打击，一气之下便斩钉截铁地对那位技术部长说："看来你们不需要我了，是吧？那我就辞职吧！"

一无知识、二无经验的
我的内心坐标轴

得知我提出辞职，我的下属和如同我父亲一般关怀我的管理部部长纷纷递交辞呈。

想到自己一直以来在研发过程中的种种不易，我找朋友借了些钱，想创建一家新公司。于是，1959 年，我以 300 万日元的启动金创办了名为"京瓷"的新公司，那一年我刚好 27 岁。

如今那些高风险系数的投机企业，普遍都是自己筹资创办公司。但是，当时的我没有钱，身上只有 1.5 万日元，这点钱当然开不了公司。300 万日元的注册资本全部来自愿意相信我的人。

借给我钱的朋友都是非常优秀的人，如新潟的西枝一江先生，出身寺院，信仰坚定，人品出众。

"稻盛先生，所谓开创事业，成功概率非常低。你是个认真做事的人，有可能会成功，但是，我认为失败的可能性也不低。"西枝先生虽然嘴上这样说,但还是抵押了自己的房屋,为我从银行借到了 1000 万日元。

他的夫人也说:"反正咱们家也没有孩子,既然你觉得这个 27 岁的年轻人很不错,那就这样去做吧!没了房子我也无所谓。"

我是一个从小就被称作"哭三小时"的爱哭鬼,参加考试也都以失败告终,所以当有人对我说"我相信你,一切就交给你了"的时候,我都为自己肩负的重任而颤抖。

创建公司的同时,我招聘了 20 名初中毕业生,公司以28 人的规模开始运营,大家遇到任何事都要找我商量一下。

于是,我要告诉他们说"这样可以""那样不行"等,也就是说,我必须时刻作出各种判断。

作判断时,我的心中必须有一个判断的标准、坐标轴。何为坐标轴呢?就是我自己的想法和哲学。

我们也可以根据好恶作出判断,但是只要判断错一件事,整个公司也许就会倒闭。当时,我意识到"判断有对也有错。所谓人生,是每个节点的判断积累、汇聚而成的结果"。

比如说,要作 10 次判断,前 9 次都作出了正确的判断,但是最后一次出现错误,可能就会导致全盘皆输。如此看来,判断事物是要伴随着重大责任的。那么，我应该如何确立判断标准呢？我曾经对此很是苦恼。"如果亲戚中能有个成功人士，还可以找他商量一下"，但是我的身边没有这样的人，思来想去，最后我决定去找前文中提到的西枝先生咨询一下。

西枝先生对我说："稻盛先生太客气了，不是还有我吗，请尽管问，我一定倾囊相授。"

西枝先生时任宫木电机制作所专务董事一职，他的确是个了不起的人物，但是当时的我有些狂妄自大，一边寻求着对方的帮助，一边心里还在犯嘀咕：宫木电机制作所也并不大，真的能够相信西枝先生的判断吗？

思前想后我觉得，"最终，只能靠自己想出答案"。

说起来容易，但我是一个一没知识、二没经验的门外汉。于是我决定，索性就以小时候从父母的训斥、老师的批评中学到的"作为一个人，什么该做什么不该做"作为判断一切的依据。

此后，"做人，何为正确"成为我心中的坐标轴，贯穿我一生的经营生涯。

第二电电（现 KDDI）
成功的唯一理由

1984 年，随着通信事业的开放，我创办了一家名为第二电电企划的公司（KDD）。

现在，KDD 已经和日本移动通信（IDO）合并成为 KDDI，成为仅次于 NTT 的日本第二大通信公司。KDDI 的销售额约为 3 兆日元。京瓷和 KDDI 的总销售额超过了 4 兆日元。[①]

这就是我从 27 岁创办企业以来的几十年人生中，始终坚持以"做人，何为正确"为坐标轴得到的成绩。

经常有日本国内外的评论家和经济学家问我："京瓷是如何发展到现在的？"还有人说："稻盛先生本身是一名优秀的技术人员，而且恰好赶上了陶瓷材料流行的好时候，所以能获得如此大的成功。"

---

① 销售额为 2001 年 7 月数据。

　　每当这时，我就会说："并非如此，我的成功既不是因为赶上了好时候，也不是因为我的技术优秀。我认为最重要的原因在于，我的思维方式和为人处世的哲学都很正确。而且，不仅是我，我们企业所有的员工都拥有正确的思维方式和哲学观。"

　　我认为，只要拥有非常棒的哲学观，任何人都可以成功。

　　在开放通信产业之前，日本的通话费异常高昂，这令普通百姓十分苦恼。很久以前我曾在美国工作过，所以我知道美国的通话费用不同于日本，非常便宜。

　　从加利福尼亚打给纽约，即使煲个电话粥，通话费也十分便宜。然而在日本，如果出差时从东京用公用电话打给京都总部，需要把 100 日元、200 日元兑换成 10 日元硬币，然后边打边不停地往里投钱，通话费就是如此昂贵。

　　我一直对此很是不满。看到电子通信产业被一家公司垄断，民众对此束手无策，我觉得这样太过分了，于是下决心创办第二电电。

　　其实，连我自己都觉得这个决定有些草率，身边也有人说："稻盛先生在陶瓷领域的确独领风骚，但是对电子通信技术一窍不通啊，不可能成功的。"

我暗中把公司的干部召集起来，对他们说："别人都说京瓷的成功，是因为我的技术过硬，或是赶上了好时候，但其实并非如此。这一切都因为我心中有哲学。话虽如此，大概没人会相信我的话，所以这次我想自己创办一家通信公司来证明自己，公司就叫第二电电吧。我对通信一无所知，只有自己心中的'哲学'。这项事业仅凭'哲学'真的可以成功吗？如果这次成功了，我就可以证明，哲学对经营来说是多么重要。"同时，我还提出"话虽如此，这就是一次鲁莽的挑战，有可能会遭遇失败。到时候，我希望能动用 1000 亿日元。"

我这是在斩钉截铁地告诉大家，储备公司利润的存款数额巨大，我想动用其中的 1000 亿日元，如果拼一把没能成功，就选择撤退。最终的结果，大家都看到了，第二电电大获成功。

周围有人说"京瓷的成功，是因为陶瓷顺应了时代潮流"，但我不这样想，我自信地认为，是我掀起了陶瓷新材料的热潮。

在这 10 年里，世界材料工学学会曾这样评价我："这个姓稻盛的男人，在日本创办了名为京瓷的公司，经过一番努力最终在全世界掀起了陶瓷材料的热潮。如果没有稻盛，那可能就不会出现热潮了。"这样的成绩，全都要归功于我心中正确的哲学观。

其实，所谓的哲学，并不是什么高深的东西，不过是一种单纯、质朴无华的教诲——"作为一个人，什么该做、什么不该做"。

简单说来，我的哲学可以用正义、公平、公正、诚实、勇气、博爱、勤勉、谦虚这几个词来阐释。

也就是说，不做有悖于正义、诚实、勇气的事，不失谦逊，对万事万物抱有博爱之心，我们仅需对此加以实践即可。时刻铭记这一点，作为人不会感到羞耻，这样就足够了。

将以上的信念作为心中的坐标轴，哪怕遇到艰难险阻，只要将哲学贯彻下去，就一定能收获成功。

始终如一，把原则贯彻到底

我们为了贯彻自己的哲学，有时会在报纸、杂志上发表对当时的政府或相关部门的痛斥，因此也会收到政府、相关部门的投诉，甚至是干扰。尽管如此，我也并没有退怯。

这世上有很多人会为了别人改变自己的生活方式。

夏目漱石也曾经说过"意气用事，则到处碰壁"。如果在这世上说真心话、坚持贯彻我的哲学，的确就会到处碰壁，甚至被人欺负，于是大家都拼命地在场面话上下功夫。但是，无论遭受怎样的欺凌，我都会毫无畏惧地贯彻自己的哲学。

在公司里，如果有人违背了我的哲学，我就会严厉地斥责他。

不仅如此，对待无法从根本上理解我的哲学的重要性的人，不论其多么出色，我都会请他们离开。这样做，公司的确会有一些损失，但是如果放任这些人不管，将来公司有可能遭受更严重的打击。就这样，我始终如一，彻底地贯彻了自己的原则。

但是，对别人来说正确的事并不等同于对自己来说是正确的事。对自己来说正确的事情，也许只是出于自己的需要，却并不符合别人的情况。对自己来说正确，其实是一种利己的想法。

我的哲学的中心位置，必须留给与"利己"相反的"利他"。换而言之，就是要为他人、为社会考虑。我们必须把利他放在内心坐标轴的中心位置。

同时，毕竟是经营企业，需要付出不亚于任何人的努力。只有无止境地努力，才能够成就伟大的事业。

说到努力，仅凭我一个人努力，公司是发展不起来的，还需要员工的支持。我用 300 万日元的资本再加上租借的宫木电机制作所的仓库，在京都创建了一家小小的公司。当时，我与仅有的 30 名员工一起挥洒着汗水，大家高喊"加油、加油"的口号，从早努力到晚。只要一有机会，我就会对大家说："不久的将来，我们一起把公司做到日本第一、世界第一吧！"

一个原本只有 1.5 万日元的男人，用跟别人借的 300 万日元成立的公司，怎么可能实现这个目标呢？那可是世界第一啊。

"世界第一"听起来很荒谬，但我说得很认真。为了摆脱"公司可能会倒闭"的恐怖心理，我时刻鼓励着自己，要"做世界第一"。

"无论多么伟大的成就，都是由一步一步、脚踏实地的努力累积而成。这不是一朝一夕就能成功的事，它需要每个人都付出不懈的努力，除此之外别无他法。你们大家肯定在想，仅凭我们这 30 个资质平平的人，再怎么努力也没用吧？那你们就大错特错了，即使只有 30 人，只要我们付出无限的努力，并一直坚持下去，也一定能打造一家世界第一的巨头企业。这是真理，此外并无其他捷径。"当时，我每天都拼命地向员工灌输我的想法。

只有尽力为社会、为他人所做的贡献
才能长存于世

不久前，我在临济宗妙心寺派的寺庙中剃度出家，然后学着僧侣的样子修行。那时，我深刻地思考了一些问题：所谓人生，波澜万丈，诸行无常。没有什么是永远不变的，前途莫测，无法预知。

在这样诸行无常、波澜万丈的人生中，身为经营者即使获得了成功，死后也与地位、名誉再无瓜葛。

稻盛和夫，创办了京瓷，收获了万贯财富，但是当死亡即将来临之时，这些看起来就没有任何价值了。

但是，一个人在活着的时候为社会、为他人做出的贡献，是可以留存于世的。因为拥有一颗美好的心灵，才能不顾及自己，只为别人尽力。我想，若是这样看，所谓人生，可能就是一场为了创造美好的心灵而进行的旅程吧。

换而言之，何为人生中的最高勋章？就是穷尽一生打造一颗美好的心。

那么，使心灵变美的最佳方法是什么呢？我想，应该是"拼命工作"。对于学生而言，就是"拼命学习"了吧。

我们的心，需要一种名为"辛苦"的研磨粉进行打磨。

所以我们在人生中体味着各色辛苦。人生波澜万丈，时而遭遇灾难，时而疾病缠身，常有不好的事情发生。

但是，这一切都是大自然为了磨炼心灵而对我们的考验。同样地，好运也可以认为是大自然对我们的考验，看我们是否会沉迷于好运之中而堕落。

若是对自己付出了辛苦感到愤愤不平，怨恨社会，因觉得只有自己倒霉而无法释怀，这样不仅无法磨砺内心，反而会使心灵蒙污。

把如今的这种考验，当作自然的教诲，告诉我们经受住考验后还要更加努力，即使身处痛苦之中也要心向光明。通过这样的过程，可以培养出美好的人性，成为人生的赢家。因此，付出一些辛苦是非常有必要的。

人生的方程式

在此，我向大家介绍一下我心目中"人生的方程式"，想借此告诉大家思维方式是多么的重要。

所谓人生的方程式，即"人生、工作的结果＝思维方式×热情×能力"，这是我在20岁到30岁这10年间思考的结果。

有的人会提出疑问，总觉得人生不能用这三个要素的乘积来表现；这三个要素应该相加而不是相乘，但我认为这里不能用加法，而应该用乘法。

能力不仅指头脑聪明与否，还包括身体方面的能力和健康状态。

这是与生俱来的，后天无法改变。所以无论是对人生还是对工作而言，能力都是非常重要的要素。

另一个要素是热情。上文也说到过，无论多么伟大的事业都只能靠一步一步的积累才能成功，所以要付出不亚于任何人的努力、拼尽全力地奋斗——这种想法就充满了热情。

与能力不同，热情可以靠后天用自己的意志来培养。这里提到的能力和热情，都可以用 0~100 分来打分。

话说回来，我所毕业的鹿儿岛大学，当时不过是地方的一所新制大学。虽说自己在学校学到了一些知识，但是到了大城市之后，即使是在京都那家快倒闭的公司里，也有不少我没考上的大阪大学、京都大学等名校的毕业生，所以难免会在能力方面怀有自卑感。

要想和这样优秀的人竞争，我该怎么办才好呢？没有能力，是不是意味着一辈子都赢不了？不，并非如此，只要肯拼搏奋斗，也就是说，只要有热情就能成功，这就是我想到"能力 × 热情"的契机。

举例来说，以优异的成绩毕业于一流大学的人，可能也会仗着自己头脑聪明而偷懒，因为他毕业于一流大学，所以能力值应该有 70 分，或者是 80 分左右。但是，因为他不努力，所以"热情"只有 30 分，这样一来，80×30=2400（分）。如果是地方新制大学的毕业生，能力在 60 分左右。但是，如果他自知不够聪明而拼命努力的话，在"热情"方面就能得到 80 分，最终他能得到 60×80=4800（分）。也就是说，能获得比一流大学毕业的人要高出一倍的分数。

这个公式中，还要考虑一项要素——思维方式。由于存在消极、负面的思维方式，所以分数处在负100分到正100分之间。

比如说，我从鹿儿岛大学毕业后参加了求职考试，结果没被任何公司录取。因为没"走后门"所以没被录取，这个社会太不公平了，难道就不能凭实力录取我吗……无论我再怎么抱怨，都没有公司愿意聘用我。我当时甚至在想，社会这么不公平，干脆去当个小混混好了，因为大学时期学过空手道，搞不好还能当上黑道小头头。

一旦想法不对，那么即使站在了对社会有利的位置上，也会做出危害社会的事情来，成为负面的存在。

如果一个人的思维方式是负面的，哪怕只有少许负面的部分存在，三者相乘后整个人生的结果都会变成负数。

即使一个人能力出众，努力程度也在众人之上，但是因思维方式扭曲而选择以偷盗的方式生存下去，那么他的人生也都成了负分。

思维方式竟然如此重要，人生会根据占据心中坐标轴的思维方式的不同而发生骤变。

无论抱有何种想法，
最终都由自己"买单"

　　每当我在京瓷给大家讲上文提到的这些内容时，那些大学毕业的优秀员工等都有些反感：明明上班只要好好工作就可以了，为什么连思维方式都要强制统一呢？大家想法各异，不是更好吗？

　　确实，心中有各种想法是每个人的自由。但是相应地，无论心怀什么样的想法，最终结果都要由自己"买单"。所以，作为前辈，我才建议大家应该拥有这样的思维方式。

　　以前发生过这样一件事。

　　众所周知，华歌尔是一家生产女性内衣的公司，由已故的塚本幸一先生一手创办。这位塚本幸一先生，比我大12岁，正好大一轮，他曾对我说很欣赏我这个"年轻人"。我们的关系非常好，经常在工作结束后去祇园小酌几杯。

一次，几位年轻的企业家一边喝酒，一边讨论着经营和哲学。其中一位年轻的经营者说："稻盛先生，我不这样认为，我们公司的思维方式是这样的。"

我说，因为人生只有一次，所以应该更加认真，更努力地活下去。但是他说，这仅有的一次人生，应该开开心心地度过。

这时，塚本先生生气地说："喂，你就不要说没用的话了，你哪有资格和稻盛君比呢？就因为你的思维方式是这样的，你的公司才会在现有的规模上止步不前。你们俩的公司根本没有可比性，像你这样的社长还说稻盛君说得不对，这不是很奇怪吗？"

听完，我也意识到："原来如此。想拥有怎样的人生，想要经营多大规模的公司，是需要相应的思维方式支撑的。"

在攀登人生这座高峰时，如果想像那位社长所说的那样，恣意快乐地度过这仅有的一次人生，那么用远足郊游的心态前行也是可以的。若是想攀登富士山，就需要做好包括体力在内的相应准备。更有甚者，想要攀登冬天的喜马拉雅山，那么为了能够挑战成功，就必须做好万全的准备。

选择攀登哪一座山，换句话说，想要拥有什么样的人生，想要经营什么样的企业，就需要与之相应的思维方式与哲学。

所以，诸如"虽然稻盛先生说这种思维方式很重要，但那是创建京瓷这种公司所必需的思维方式，我没想过要经营那么大的公司，所以想得并不那么高深也没关系吧"，这样的想法是可以的。

我认为，我们拥有的哲学的层次应该尽量高一些，要想拥有伟大的人生，高层次的哲学是必不可少的。但如果只想凑合着过一辈子，那就不需要高层次了。

重要的是，拥有与自己想要的人生相对应的思维方式。

与下一代朋友们的对话③ *

【提问】当面对凭一己之力无法承担的巨大责任时，怎样缓解自身压力？

我是鹿儿岛大学工学部硕士一年级的 T。我一直以来对自己的生活方式感到很羞愧。有个问题很想咨询您。

在创建公司或者开始重大项目的时候，我想可能要承担起凭一己之力难以承担的重大责任，怎么才能摆脱压力前行呢？

【回答】与信赖的人商量。

有时候的确像你说的那样，压力大得让人承受不住。

必须有非常强韧的精神才能顶住如此大的压力，反正我

---

* 2001 年 7 月 11 日在鹿儿岛大学工学部举行的"京瓷经营学讲座"中，作为稻盛和夫先生后辈的学生提出了非常有趣的问题。

是承受不住，所以我经常对把家抵押出去借给我 1000 万日元的西枝先生发牢骚。

到了傍晚 7 点左右，我去找西枝先生，就像小孩子磨人一样对他发牢骚。

西枝先生是个很厉害的人物，可能是原来在寺院待过的缘故，他一下就看出我已经筋疲力尽，精神上几近崩溃。

"好啦，好啦，那咱们现在就去喝一杯吧。"西枝先生是新潟人，所以带我去了一家位于祇园的一对肤白貌美的新潟姐妹花开的饭馆喝酒。

以京都大学的平泽兴元校长为首的京都大学的学者经常来这里喝酒。在吧台他让我喝酒，听我发着牢骚。我想我的压力就是这样被排解掉了。

而且，西枝先生不仅帮我排解压力，还教给我喝酒的规矩。起初他让我喝酒时，我会推托，他见我不怎么喝就会说："你不要这样一本正经的啦，酒就是为了醉人才存在的，快喝吧！"听他这样一说，我觉得也有道理，就稍微喝多了些，结果又被教育："这不是你喝酒，成了酒喝你啦，这可不行。"

不喝的时候让我喝酒，喝一点之后又说喝多了可不行。给他倒酒，他就会说："我喝完你就马上给我斟满，这样太忙叨了，没法好好喝酒。我也是因为喜欢喝酒才想喝的，不要再催着似的给我倒酒啦。"但是，如果一会儿没给他倒酒，就又会被说："偶尔你也给我倒一杯嘛。"

就这样，我一边学习着如何与他配合默契，一边喝着酒，感觉压力就这样得到了释放。

如果没有西枝先生如此关照，那时我可能真的会发疯。经营者就是需要面对如此大的压力。所以，我想我们还是需要在拼命工作的过程中磨炼出坚韧的精神力量。

【提问】关于一天 24 小时的使用方法。

我叫 N。经常听人说，时间是唯一平等地给予人类的东西。那么，我想请问您是怎么安排一天 24 小时的。

【回答】我采用的是"绝不向后拖延"的生活方式。

的确，一天只有 24 个小时。

对我而言，没有从几点到几点做什么的意识。

总之，今日事，今日毕。也就是说，一直以来我的生活方式都是绝不向后拖延。

我记不太清楚了，大概是在创建公司后的十几二十年间吧，每天都是在夜里 12 点后才回家。

我印象中，周末自然是没有过。说起来也没什么可骄傲的，三个女儿的教学参观日，包括小学、中学在内我从来没去过。

所以，女儿们都很怨恨我，说我"从来没有做过一件父亲该做的事"。

正如在刚才的问题中提到的那样，责任感和重压简直快把我击垮了，家里的事都交给了妻子。女儿们好像也很寂寞。那是她们出嫁以后的事了，有一次我说："幸好我的女儿和妻子都非常理解我的工作。"女儿听后说："我可完全不能理解您。我们小时候您是一个很过分的爸爸，其他爸爸都会陪孩子一起玩，我经常会很羡慕他们。"

日子过成这样都没离婚，我觉得很知足。我的确没有时间，所以才 365 天几乎都半夜才回家。当然不是喝到了半夜，而是因为工作到半夜。

【提问】关于员工过分尊敬的危险性。

我是鹿儿岛大学法文学部三年级的 I。前几天，我参观了国分工厂，面对提问环节的各种问题，工作人员总是在说，遇到困惑的时候请拿出登载着稻盛先生的哲学的手册，从中找寻答案吧。我听后感觉稻盛先生的哲学对员工影响颇深。

同时我也感觉到，公司的员工过于敬仰稻盛先生，这也有一定的危险性，可能会引发京瓷无法改变公司性质的潜在风险。

在这方面，您是否会把自己和松下电器产业的松下幸之助先生相提并论呢？

【回答】普遍性的范围很重要。

我从没想过要和松下幸之助先生相提并论。我年轻时读过很多松下幸之助先生的书，学习了松下幸之助先生的思想和哲学，所以我觉得松下幸之助先生的哲学观可能已经融入我的脑海之中了。

判断事物的时候，翻看京瓷哲学，并将其作为判断的坐标轴，将来会不会因此而招致失败？

我说过，所谓京瓷哲学，要以"做人，何为正确"为判断事物的标准。如果这一标准由"做人，何为正确"变成了"对稻盛和夫而言，何为正确"，哪怕只改变了很少的一部分，若干年后也非常有可能会崩塌。我想这大概是普遍性的范围问题。

即使是在宗教中，原本看起来非常正确的言论，随着时代的变迁也很有可能变得不合时宜，因此就像你说的那样，京瓷的哲学也存在这种危险。

但是，为了生存，也为了经营，事实上我们需要知道何为正道。目前对我而言，这数十年来一直秉承的思维方式使我获得了无可置疑的实际成绩，因此我认为这样的思维方式应该不会错得很离谱吧。如果相信了没有任何实绩的人的想法，那才有陷入悲惨境地的危险。

我说的都是自己亲身经历过的事，既不夸大其词，也不会有所隐瞒，所以应该不会有太大的错误。

（稻盛和夫先生于 2001 年 7 月 11 日在鹿儿岛大学工学部举办了"京瓷经营学讲座"，本稿是在讲座的基础上重新编辑而成。）

第五章

20 多岁应该懂得的 12 条经营原则

我要讲的"12 条经营原则"，是我思考出来的、对经营来说非常重要的原理法则。

如果大家步入社会后成立了公司并自己经营，那么直接就能用得上这 12 条内容；即使不成立公司，无论是作为独立的人生活，还是作为社会人工作，这其中的内容都非常重要，我希望大家能充分地理解。

第一条　明确事业的目的与意义

第二条　设定具体的目标

第三条　胸怀强烈的愿望

第四条　付出不亚于任何人的努力

第五条　追求销售额最大化和经费最小化

第六条　定价即经营

第七条　经营取决于坚定的意志

第八条　燃起斗志

第九条　拿出勇气做事

第十条　不断从事富有创造性的工作

第十一条　以体恤之心诚实处事

第十二条　保持积极乐观的态度，胸怀梦想和希望，拥有一颗坦诚的心

这 12 条实践性的经营原则，是我一直以来在经营京瓷和 KDDI 的过程中，通过亲身体验总结出来的。

这些都是我一直以来遵循的经营原则。

第一条 明确事业的目的与意义

——制定一个有光明正大理由的、层次较高的目标

在我 27 岁创业的时候，当时旗下有 28 名员工跟我共进退。虽说是 28 名，但真正和我一起创业的只有其中的 8 位，其他 20 人都是后来招聘的中学毕业的男男女女。

无论是规模如此小的一家企业，还是刚刚大学毕业步入社会开始走上人生之路，都得先明确工作的目的与意义。

这篇的副标题是"制定一个有光明正大理由的、层次较高的目标"，步入社会，走上人生之路应该以什么为目标呢？进而，完成自己设定的目标具有什么样的意义？我认为，这便是刚刚进入社会、正在漫步人生的诸位需要细细思考的一个问题。

尤其是在创业的时候，明确自己工作的目的与意义非常重要。

一般来说，如果你问一家风险企业的创业者"工作的目的是什么"，也许有人会回答"为了赚钱所以开始创业"，也有人可能会说"因为要养家"。

"为了赚钱""要养家"，这样的目的无可厚非，但是如果身为经营者的社长是为了赚钱，或者是为了养家糊口才开办公司，那么员工只能扮演一个帮人挣钱或者养家的角色，这样员工就没有意愿与社长齐心协力奋斗。

因此，从这种意义上讲，我认为我们应该尽可能高层次地设定事业的目的与意义。

如果，公司成了让稻盛和夫的技术问世的平台，或是成了稻盛和夫赚钱、养家糊口的工具，那么无论我怎样呼吁大家要拼命努力，也只是为了满足稻盛和夫的个人目的，而员工并没有拼命努力的动力。

如果把企业的目标定为"追求员工物质和精神双方面的幸福"，那么大家就会为了我们共同的幸福而努力奋斗。不再有经营者和工会、资本家和劳动者之分，把公司变得更好的共同目标就可以把大家凝聚在一起。

另外，要想让员工和自己一起努力工作，就必须有正当的理由。

因此，我们的员工，不仅要在物质和精神双方面收获幸福，还要通过我们的技术研发，为人类和社会的进步发展做出贡献。

也就是说，我们制定的目标就是：京瓷公司的存在，可以为人类社会的进步发展做出贡献。届时大家都会说，正因为有了那家公司的存在，所以才能有如此高端的技术研发，对社会的贡献也很大。从全球技术研发的角度来讲，也做出了卓越的贡献。

第二条　设定具体的目标

——随时与员工共享目标

接下来是经营者应该设立企业经营的具体目标。在此，重要的是设定具体目标的同时，还需要时常与员工分享设定的目标。

比如，假设自己公司的年销售额目前是 1 亿日元，明年想把销售额增加到 2 亿日元——诸如此类，要用具体的数字明确地描述目标。

我们还可以把除销售额以外的，包括利润、员工的数量等有关公司规模的内容，用数字具体制定好明确的目标。

也就是说，我认为目标不是一个令整个公司茫然的数字，而是必须按组织细分成非常详细的内容。

下到组织的最小单位都应该有明确的数字目标，进而为每个员工都制定一个具体的目标，作为明确的指南。不仅要设定年度目标，而且要进一步设定每个月的目标，即月度目标。

这样一来，员工自己就可以掌握每天的目标了。我认为必须设定明确的目标，让每个员工每天都能实现自己的价值。

与员工分享明确的目标是非常重要的。

如果公司的目标不明确的话，经营者无法对公司的发展方向作出指示，员工也不知道应该向什么目标努力，每个人都随意地朝着不同的方向前进，大家拥有的力量就会分散，不能发挥出一个组织的力量。

正因为如此，在明确目标的同时，和员工共享目标很重要。为此，我经常对员工说"要统一目标"。

经营者应该通过向员工指示明确的经营计划和方针，努力把员工的力量集合到公司的目标方向上。

另外，我认为没有必要制订长期的经营计划。

一般来说，无论是大企业，还是经营顾问，都一致认为企业经营无论如何都需要中长期的经营计划。

大家普遍认为，制订中长期的经营计划，并依照计划经营才是正确的方法，但我认为没有这个必要。

京瓷现在也在制订中长期的经营计划，但是在我作为管理者经营公司的 30 多年里，完全没制订过中长期的经营计划。

那么，应该怎样做才好呢，答案是制订一年的经营计划。就是这样的公司发展壮大成了大企业，真令人不可思议。

为什么我没有制订中长期的经营计划呢？

这就像我们很难预测经济形势一样，我们所处的企业经营环境，也会在几年之内发生翻天覆地的变化。即使从现节点出发，制订一个 5 年的中长期经营计划，两年后，公司的情况和所处的环境也会完全不同。

如果制订长期经营计划，随着情况的变化，就必须不断地修正。

制订中长期的经营计划，需要让员工也参与进来，但是一旦计划反复修改，其可信度就会降低，计划本身就难免会遭到质疑。

于是，我制订了一年的经营计划和每月的经营计划，并坚定地把它们执行下去。毕竟一年多之后的经济形势还是可以预测得到的，企业环境也可以进行预判，所以在这一年中我们会拼命地努力实现目标。

第三条　胸怀强烈的愿望

——要怀有能够渗透到潜意识中的强烈而持久的愿望

要胸怀强烈的愿望，换而言之，即要怀有能够渗透到潜意识中的强烈而持久的愿望。这个表述很难理解，所以我认为有必要说明一下。

"强烈的愿望"，指的是我想要把公司变成某种样子的愿望，也是许愿想要实现的愿望。

在"愿望"之前加上了形容词"强烈的"，意味着非常坚定的想法。也就是说，心中怀有非常强烈的想法。

我年轻时曾学过一点瑜伽修行，那时得知，在喜马拉雅山中进行瑜伽修行的被称为圣人的人经常说一句话："强烈的愿望，也就是说心中非常强烈的想法，会出现在现世之中，即作为事实发生。"

我在多年的经营管理生涯中切身感受到，拥有无论如何都要达成目标的强烈愿望，是成功的关键。

在经营管理过程中，总会发生各种意外。比如说，想研发那种技术时，相关技术人员紧缺；想研发这种技术时，研究经费又不足；想做的研究需要某种装置，却没钱买。

像这样，无论想做什么都不顺利的情况时有发生，但这时我们要做的不是放弃，而是怀揣着强烈的愿望废寝忘食地思索解决之道。

我们的意识分为清醒状态下可以意识得到的显意识，以及存在于我们看不见的地方的潜意识。有时，强烈而反复思考的事，在全部进入潜意识的同时，潜意识又会上升为显意识，从而可以加以利用。

大家可能都没有意识到自己正在用潜意识工作。

无论是工作，还是学习，我们用显意识或记忆或讲话，大家可能以为没在使用潜意识，但事实并非如此。我以开车为例讲一下大家就能明白。

开车的人应该都知道，以前的车必须换挡。用左脚踩着离合器，换上挡位，然后马上用右脚踩油门。停车的时候，右脚需要迅速离开油门踩上刹车。与此同时，手中还要向左右转动方向盘。在驾校学习这些的时候，我们往往会一头雾水，我想大家应该都有这样的经历，当驾校的教练说"好的，请踩住离合换挡"，我们的左脚和右脚就开始乱成一团，再加上精神都集中在脚上，所以手就变得不听使唤，方向盘摇摇晃晃，然后就会被教练数落。

但是，拿到驾照后自己开车的人，并不会在开车时逐一思考，用显意识先踩离合，然后再踩油门。司机上车启动车后，随意地支配着手脚，任意地驰骋，可以说这正是潜意识在发挥作用。

实际上，用显意识——思考工作，会使人非常疲惫。开车也是一样，刚拿到驾照的时候，开车出行非常累人。要是再出趟远门，简直令人筋疲力尽。

但是，熟练了之后，变为用潜意识驾驶，即使出远门也完全不会觉得累，反而还会很开心。这就是因为真正在用潜意识工作。

公司的工作也是一样的。公司雇用员工为自己工作，就我们制造业来说，生产物件需要在一整天中进行单纯的同一劳动。

这样一来，即便是非常轻松的工作，持续一周后员工就会说自己肩膀僵硬、腰酸背痛、眼睛很累，总看这么小的东西身体受不了。于是，大约3个月后，就会有人提出要辞职。

前 3 个月正是适应期，需要用显意识进行工作，所以眼睛累、肩膀也疼，整个人都非常疲惫。

但是，过了 3 个月，等到用潜意识工作之后，就完全感觉不到累了，工作就会变得非常轻松。

"请忍耐 3 个月"的意思是，过渡到用潜意识工作需要 3 个月左右的时间。

即使不做有难度的瑜伽或坐禅，努力地反复做一项工作也能进入潜意识状态。

也就是说，就像开车的感觉一样。刚才也曾提到过，我们应该在心中抱有强烈的愿望，想把京瓷这家公司变成什么样子，比如想销售额达到 1 亿日元，获得 1000 万日元的利润，想发给员工很多奖金。

自己每天想一想，多念叨一下。愿望经过在脑海中日复一日地巩固，就会进入潜意识之中。

经常有这样的事例：经营公司的过程中拼命工作，把自己对公司的愿望自然地变为潜意识后，事业上就顺风顺水了。

第四条　付出不亚于任何人的努力

——一步一步、扎扎实实、坚持不懈地做好不起眼的工作

我把第四条定为"付出不亚于任何人的努力",副标题则是"一步一步、扎扎实实、坚持不懈地做好不起眼的工作"。

付出不亚于任何人的努力固然非常重要,但在此之前,扎实、不懈地努力做好不起眼的工作实际上才是重中之重。

我的工作是研究一种名为精密陶瓷的特殊陶瓷制品,而陶瓷制品的相关工作就很不起眼。

一般是把金属氧化物的粉末揉成一定形状后在高温下烧制,凝固后便会成为陶瓷。我们的公司就是以这样的陶瓷制品为基础创建起来的。

即便是精密陶瓷这种特殊的陶瓷材料,一个成品也就 10 日元、20 日元。

为了给客人提供数百万个成品,我们需要日复一日地生产精密陶瓷制品。

　　我们录取了应届大学毕业生，并让他们从事这种单调、不起眼的工作，经常会有人跳出来说："我在大学学习了那么多知识，现在却让我干这么单调、不起眼的工作。一想到我要这样度过一生，就有些落寞。我希望能更好地施展自己的才能，所以我想辞职。"不仅是大学毕业生，高中毕业的员工中也出现过这样的人。

　　这样说来，我也曾在大学时代想往备受瞩目的石油化学方向发展，所以我经常会感到烦恼：就算把生产一个一个的陶瓷制品这样不起眼的工作坚持做下去，京瓷这家公司可能也就只比街道的小工厂强一点而已。我的一生就要这样耗费下去了吗？

　　但是，当时我想到了前辈所说的，即便攀登世界最高峰珠穆朗玛峰，也要从山脚下开始一步一步地走，否则是无法登顶的。无论多么伟大的事业，都只能一步一个脚印地坚持做好最不起眼的工作。

　　那时，我意识到，既然走在人生这条道路上，就只能一步一步地前行，用不了直升机或是高速汽车似的方便的工具。

　　我切身体会到，这不起眼的一步一步的积累，可以成就无法想象的、令人震惊的伟业，而那些伟业，只能靠一步一步的、不起眼的努力积累而成。

因此，在那之后，我在那个不起眼的陶瓷制品的世界里行走，并开始觉得自己的人生并不是灰色的。

当别人说"你要努力啊"，大家就会主观地回应"我在努力"，但努力并不是主观的认知。

重要的是从客观上看，你付出了不亚于任何人的努力，并不仅仅是你觉得自己在努力就可以。

"不亚于任何人的努力"意味着，即使从客观上看你也真正地在努力着。"不亚于任何人的努力"是非常重要的一点。

活力

第五条　追求销售额最大化和经费最小化
—— 无须追求利润，量入为出，利润随之而来

如题所示，尽量提高销售额，降低经费是经营的真谛。

这是初建京瓷时，我和前公司的上司青山政次，还有担任会计的课长经常讨论的事。

用于记录企业经营指标的数据中有一种叫作损益计算书。记录的时候分为销售额和经费，销售额有若干项目，然后算出合计数额；经费分为若干科目，最后算出总数。

我认为，无论是工学部的大学生，还是学文科的人，都应该学习会计，或者换个说法叫簿记。

所谓簿记，即公司的会计记账时使用的复式簿记。在日本，可以在商业高等学校学习相关知识，但是大学的经济学部或商学部不会教这些。

无论是理科还是文科，即便自己不开公司也应该懂得簿记知识，比如应该用损益计算书、复式簿记制作家庭账本。

我们应该好好学习损益计算书中的销售额、经费、营业利润、税前利润等项目，这些都是应该懂得的知识，但实际上大家都没学习过。

我也没学习过，因此在开始管理京瓷的时候，会计课课长曾教过我一些相关的知识，但一些专业术语很难，用起来又麻烦，于是我对他说："好啦，大幅提高销售额，尽量不使用经费就行了吧。"于是，我便开始以此为原则管理京瓷。

其实，如此简单的事，有些一流大公司的管理者们并不懂得，他们会问：提高销售额，再减去经费的话，那就得赤字了吧？但是仔细听我说过之后，大多数人都可以接受这个观点。

"销售额最大化，经费最小化"的程度也是因人而异的。

A 管理者建造了非常气派的总公司办公楼，因为他认为公司的利润足够可观，所以不算奢侈。而对于我这种人来说，即便建造气派的办公楼后仍有富余，我也不会选择盖楼而是忍耐着继续努力。这种区别就在于每个人的哲学、人生观不同。

另外，在"销售额最大化，经费最小化"的实施过程中，我并不会追求利润，但利润会接踵而至。

当彻底提高销售额，缩减经费后，销售额相对应的利润，也就是销售利润率就会大幅上涨。

一般而言，如果能有百分之几的销售利润率就算不错了。

如果销售利润率能到 10%，那就是高收益公司。其中也有企业的利润可以占到销售额的 20%，甚至是 30%，那么这些就是超级出色的高收益公司了。

销售额最大化，经费最小化后，获得的部分就是利润，如果能一直把这种状态持续下去，企业就能获得较高的收益——我一直以这种想法经营公司。

也就是说，光明正大地、最大限度地提高销售额，在此过程中把经费缩减至最少，如此一来就提高了利润率。这就是我一直坚持的经营方式。

市场不景气的时候，效果就会非常显著。

比如，销售利润率在百分之几的企业，当销售额下降 20% 的时候，公司就会变为赤字；而对销售利润率 20% 的企业来说，即使销售额下降 40%，公司也还有利润。

因此，高收益企业对市场不景气是有抵抗力的。

为此，在市场状况好的时候，我们应该把公司转型为高收益企业。

第六条　定价即经营

——定价是领导的职责，是让顾客满意的同时又能盈利的
　　关键一点

我在开始创建京瓷的时候，开发了一种新型高性能陶瓷材料，最初用在了制作真空管的零件的绝缘材料上。

只有京瓷在生产这种特殊材料，销售的用途也只限于某特定厂家。

因此，这种材料定价时没有别的产品可以参考，所以我就不得不决定它的价格。

决定价格需要调查一件产品需要消耗多少材料费和人工费。一般厂商都会在成本价上适当地加上利润出售。

比如说制作一件产品的成本价是 10 日元，加上利润我决定卖 11 日元，但如果顾客说不需要这么贵的材料，那这件产品就卖不出去。

反之，要是询问客人多少钱才愿意购买，如果对方愿意

以 8 日元的价格购买，给出的价格比成本还要低，那么我们每件产品就会亏 2 日元，也是无法出售的。

也就是说，当没有市场行情，需要由买家和卖家之间的交涉来决定价格的时候，在交涉中决定的价格就成为售价，就必须要思考如何制造出与价格相匹配的产品，为了能匹配价格不得不考虑转变生产方式。

也存在相反的例子。我去销售成本价是 10 日元的产品，因为此前的客人说只能出 8 日元的价格购买，所以此次拜访客户让我很烦恼，不知道应该向对方如何报价。

因为害怕自己先报价，所以询问客户："您愿意以多少钱使用我们的产品呢？"而客户回答说："如果是 18 日元，我们很愿意和你们合作。"本来我以为对方会给出低于 8 日元的价格，那就卖不了了，没想到对方给出了 18 日元的价格，那么就可以赚 8 日元了。

这时，我觉得自己不能喜形于色，于是摆出一副苦瓜脸说："哎呀，这可有些难为我了，但是我努努力吧。"

对方可能觉得这产品应该卖二三十日元，大概他原来想的是砍砍价才给出 18 日元的价格。

那时，我意识到，决定售价是非常困难的事，决定的方式有很多种。

后来，因为我们制作的产品此前没人做出来过，于是，我开始打算以产品具有的价值作为定价进行销售。就算再怎么强调这件产品的成本是 10 日元，只要使用产品的人不认可 10 日元的价值，那么对方是不会购买我们的产品的。

反之，如果对方花 18 日元买下之后还能赚到钱，那就说明对方认可了我的产品具有 18 日元的价值。换而言之，既有觉得我的产品只值 8 日元的人，也有认为值 18 日元的人，只要做出能给客户带来利润的产品，我想对方一定会愿意购买我的产品。

在经营公司的过程中，既有想要凭薄利多销挣钱却并不顺利的情况，也有价格定得过高，导致没有销路最终倒闭的情况，这些都是由于定价出现了问题。定价就是一种经营，是非常难的一门学问。

第七条　经营取决于坚定的意志
——经营需要洞穿岩石般的坚强意志

我认为，经营取决于意志力。优秀的经营者和普通的经营者的区别在于，是否具备这种意志力。

也就是说，优秀的经营者拥有坚不可摧的意志，而普通的经营者则不具备如此坚定的意志。

经营公司的过程中，有非常多的无法预知的因素。

即使定好工作目标，制定了今年的销售额和经费缩减的额度，但我们毕竟不是神仙，无法预知未来会发生什么。有可能恰逢市场不景气，或是发生其他各种各样的事。

所以说，有太多不确定的因素存在。在这种情况下，经营者应该召集公司的全体员工，对今年的销售额是多少、经费控制在多少、要获取多少利润进行沟通，统一目标后大家共同努力。

但是，确立企业目标时包含了太多不确定的因素。比如，一年后的原料价格会变成多少，市场又会是什么样子，有太多诸如此类的无法预知的事情。尽管如此，就公司而言，经营者也应该告知员工今年的销售额预计是多少、利润大概能有多少、经费打算怎样控制等。另外，如果是上市公司，就必须把这些计划汇报给证券公司、普通投资者和股东。

于是，股东或者投资者相信了经营者的汇报并购买了股票。但是一旦未能实现计划，经营者就会找一些借口："我本来是打算实现预期目标，但是市场不景气，美国又发生了恐怖袭击事件……"这会令投资或购买股票的人非常困扰。

因此，即便有着非常多的不确定因素，也要坚决达成自己制定的目标——这是优秀的经营者必备的条件。

总之，经营是对无法预知的将来的事作出保证，然后表达出自己的意愿，可以说，经营正是实现自己意愿的意志。

经营没有任何客观性的因素。

所谓经营，凭借的仅仅是一个人心中"我想这样做"的意志。

在一年结束后，我们得到的结果已成为既定的事实，而在结果产生之前只能依靠经营者的意志。意志不够坚定的，称不上是一名合格的经营者。

实际经营过程中，如果公司事业部部长实现不了你的想法，那么身为社长，你就应该挺身而出，而这真的需要拥有实现给大家看的、如同战国时期的武将所拥有的非常强有力的执行力和坚定的意志。

无论是公司、体育队伍，还是同好会，当打造一个团队，大家为了同一目的聚集在一起的时候，担任领队或负责人的人需要引领整个团队。我认为，不具备坚定的意志是不行的。

第八条 燃起斗志

——经营需要不输于任何格斗选手的昂扬的斗志

经营公司特别是想让股票上市的情况下，需要扬起斗志。我一直都在讲，经营需要不逊于任何格斗选手的争斗心和斗志。

近来，女性企业家越来越多，勇气对于女性来说也是非常重要的。这并不意味着让女性朋友事事都要进行理论，要更加争强好胜。

有时我们不得不作出影响一二百名员工命运的决断。

这种情况下真的会手脚发抖，甚至会苦恼到尿血，下决断就是严酷的事。如果当时没能激发出斗志或强烈的争斗心，那么是无法下决断的。

第九条 拿出勇气做事
——不要有卑怯的举止

"拿出勇气做事",也就是说,不要有卑怯的举止。

第七条的"经营取决于坚定的意志",第八条的"燃起斗志",第九条的"拿出勇气做事",这三条内容意思相近却并不全然相同,每一条都很重要。

我在鹿儿岛大学上学的时候,在空手道部练过两年多的空手道。所以,在这一点上,我并不怎么畏惧竞争。

在经营公司时也是如此,我认为作决断时的勇气与身体上的强壮是密不可分的。自我感觉练习空手道使我对身体非常有信心,这对于后面管理公司起了很大的作用。

所以,我曾经对公司的干部们说:我教你们空手道吧,大家练练空手道,强身健体的同时,精神上也会更为坚强。

在此提到的勇气、斗志和坚定的意志都是自然界中很常见的东西。

比如，在野鸟筑巢哺育雏鸟时，有时猛禽类的像鹰一样的鸟会飞过来偷袭。

这时，弱小的鸟妈妈就会迎战自己无论如何也打不过的猛禽，这就是勇气。

如果没有雏鸟，它可能早就害怕得逃掉了，或者是将身体缩成一团。很快就会被猛禽擒获的弱小的雌鸟，只有当有了雏鸟之时，才会选择迎战自己敌不过的猛禽。

有时，鸟妈妈还会从有雏鸟的树丛中飞走，或向着相反的方向飞去，或装成受伤飞不动的样子，这是为了把猛禽的注意力引向自己，为了保护自己的孩子而甘愿被袭。

这里所说的勇气，就是这样的义务感和责任感。平时老实怯懦的人，有时会鼓起这样的勇气，这样也不错。

我有 100 名员工，他们不能流落街头。如果有流氓冲进公司，表现得蛮横无理，即使被他们刺死，我也要保护这100 人的大家庭，这种责任感给予我勇气。

原本没有胆量的人可以利用这种义务感和责任感改变自己。

拥有守护团队的勇气的人，才能担任团队的领袖，哪怕是在责任感和义务感的驱使下。若没有此般勇气却身居高位，则会使团队陷入悲惨的境地。

要创业的未必都是擅长吵架的人、有胆量的人和有勇气的人。

我认为，既然自己身居高位，就需要这样的态度：能够应对任何困难，再以这种责任感激发自己的勇气。

第十条　不断从事富有创造性的工作

——一天更比一天强，不断改良改善，屡创新意

明天强于今天，后天强于明天，不断改良改善，在别具匠心上下功夫。

举例来说，我老家是开酒铺的，采购酒然后销售，最近，酒类可以随便销售后，酒品价格崩盘，令我们很烦恼。我想自己以后可能不得不继承家里的店。

我很苦恼在经营自己的事业的同时，今后还要不要继续把酒铺开下去。

我认为在经营公司的过程中，为了公司的稳定需要施行经营多元化。

我们公司制造精密陶瓷，然后销售给电子工业领域的企业，但是一旦电子工业不景气，我们也会陷入低迷。为了避免这种情况发生，我觉得应该把同样的精瓷制品也销售给产业机械领域。

虽然今年电子工学领域不太景气，但只要产业机械领域行情非常好，公司就能保持稳定运营，于是我计划制造出多元化、多品种的产品。

我当时就是想通过不断开发新产品把公司发展起来。

京瓷总部有一间"京瓷的精密陶瓷馆"，我想如果您参观了这里就会了解，京瓷真的一直不断开发着新产品。从公司创建以来从未停止过对新产品的开发，因此，挑战技术创新作为一种基因输入给员工。

公司的这种传统就来源于这"不断进行富有创造性的工作"的态度。

如果一年365天，每一天都在进行创造性的思考，那么一年后就会出现惊人的变化。

为了让大家更容易理解，我经常用打扫卫生这件事作比喻。

我如果来打扫卫生，每天都会想一些新的点子。比如今天从这边这样扫，把灰尘扫到一起；明天试一试从对面方向扫过来；这种扫帚不好用，下次换别的扫帚试试。

如此思考365天，我想应该就没有什么可以尝试的方法了。但是，即使如此，我依然会不断地思考：还有没有更好的打扫方法呢？于是，最终我的想法可以抵达难以想象的地方。

无论是体力劳动还是技术开发，都是一样的，这样日复一日地不断进行着富有创造性的事，我相信可以在技术开发上取得惊人的、伟大的成就。

如今，京瓷以精密陶瓷为首，在太阳能电池、通信设备等领域开展事业，其技术范围之广不足挂齿，只不过做了大家眼中不可能发生的事而已。

这是经过日复一日、一点一点的改良改善，几经创新之后的技术开发的结果。

第十一条　以体恤之心诚实处事

——做生意时有生意伙伴，双方应该实现共赢，皆大欢喜

　　做生意时会遇到竞争对手，双方应该实现共赢，皆大欢喜非常重要。

　　关于具体的经营，现在已经介绍了 10 条原则。能够涵盖这 10 条原则的就是身居高位的经营者所具备的体恤之心，即关怀他人之心。

　　认真而诚实是经营者的基本要求。只要自己好就行的利己想法，或者是不诚实、缺乏诚意的人，绝对经营不好公司。

　　商业世界是由约定构成的，是一个契约社会。在契约社会中，诚实非常重要。

　　在被人怀疑不诚实的情况下，契约是无法成立的，而且双方的目的都是谋求利益，因此必须为对方着想。

江户时代中期，京都有一位商人叫作石田梅岩 ①。

石田梅岩是龟冈人，起初在位于京都市中心的室町西阵和服批发店里做学徒工，后来成为店里的掌柜，晚年创立了石门心学，就像现在的我一样给京都的商人传授经营哲学。

江户时代，也就是日本还处于封建社会的时候，身份制度分为士农工商 4 个等级，其中地位最高的是武士，其次是农民，再次是从事工业的人，最低等级的是商人。在士农工商的等级制度中，商人的身份地位最为低微，也就是说商人是受人轻视的。

在这种情况下，石田梅岩把商人集合到一起，对大家说："一般的武士和社会上的人们都认为商人是靠谎言侵吞别人财产获得利益，其实并非如此。我们商人获取利益，与武士领受俸禄是一样的，绝不是什么歪门邪道。但是，我们不能误入歧途，为了谋求利益做出一些为人所不齿的事。应该光明正大地获取利益。"

同时，他对体恤之心的看法是："真正的商人，心中有对方，也有自己。"他认为，做生意自己挣钱，竞争对手也要挣

---

① 石田梅岩，日本商人、学者、心学家，著有《都鄙问答》《齐家论》。

钱，只有自己挣钱而对方亏损不能算是做生意。

　　正如石田梅岩的"商业道德"所言，体恤之心非常重要。

　　或许有人会认为，依靠体恤与关爱无法在严酷的经济社会中生存下去。

　　正如前面所言，在经营过程中，经营者需要付出不亚于任何人的努力，带着非常强烈的愿望，燃起斗志后奋勇拼搏，在他的内心深处还要有一颗关爱之心，这非常重要。

　　有句话叫作"好心必有好报"，我认为，一个人如果不能以善良的心性作为基础，仅凭奋勇拼搏，就算不上真正的经营。

第十二条　保持积极乐观的态度，胸怀梦想和希望，拥有一颗坦诚的心

这对于经营者来说非常重要。作为经营者最为重要的，就是保持积极乐观的态度，胸怀梦想与希望，拥有一颗坦诚的心。

身居高位的人，特别是风险企业的领导者，对于未来难以把控，时常会陷入不安之中。正因为心中的不安越发强烈，如果领导者无法保持开朗乐观的言行，那么就无法引领员工，哪怕只有很少的几个人。

"保持积极乐观的态度"，并不仅仅是为了引领整个团队。因为好运会青睐乐观的心。

好运绝不会眷顾消极、阴郁的心。工作或人生一帆风顺的人，绝不会总是阴沉着一张脸。同时，自己的人生应该拥有梦想和希望。

从年幼时起一直到大学毕业，我的人生一直十分坎坷，

但是大学毕业后，我坚信"美好光明的未来一定会到来，因为像我这样拼命努力的人，神明也一定会助我一臂之力"，并一直这样勉励自己。于是，梦想真的变成了现实。

无论如今身处何种逆境之中、遭遇怎样的不幸，都不要消极地看待自己所处的环境，请坚信不远的将来自己会拥有美好的人生，这非常重要。

同时，最后的"拥有一颗坦诚的心"也是不可或缺的，这话像是对孩子的教导，但其实同样适用于成年人。

坦诚的心能够使人进步。装腔作势的人学不到任何东西，如果没有一颗坦诚的心，势必学无所成。因此，不坦诚的人绝对无法进步。拥有一颗像婴儿一样明朗、赤诚的心的人，即使上了年纪也有无限的发展潜力。

松下幸之助先生上学只上到了小学四年级，一直以来他向很多人虚心求教，他总说："我的学问都是道听途说来的。"即使自己年事已高、拥有了辉煌的成就，他仍然谦虚地说："我没什么学问，还请你教教我。"他向年轻人请教过很多问题。

松下先生即使到了80多岁，依然能够坦诚地面对自己未知的事并虚心求教，并不以此为耻，就是这样的一个人创造并经营了松下这样了不起的公司。

拥有一颗坦诚的心非常重要，特别是对于即将大展拳脚的各位朋友而言，我认为是不可或缺的东西。

（本章是在 2001 年 10 月 10 日鹿儿岛大学工学部举办的"京瓷经营学讲座"内容的基础上改编而成。）

第六章

稻盛哲学的力量

——稻盛和夫研究专家如是说

　　在鹿儿岛大学稻盛学院于 2016 年举办的第四届研讨会上，稻盛和夫名誉会长以"现在，想告诉大家的一些事"为题进行了基调演说，其内容收录在本书第一章中。

　　在该研讨会上，有 4 位教授以"稻盛哲学：研究什么、如何进行教育"为题召开了专题小组讨论会。

　　在讨论会上，堪称稻盛研究权威的 4 位教授从经营人类学、经营哲学、企业伦理、管理会计学等方面，谈到了稻盛哲学的重要意义。

　　担任讨论会主持的是公立乌取环境大学经营学部教授、京都大学名誉教授日置弘一郎。日置教授不拘泥于经营学原本的范畴，倡导经营学和文化人类学相融合的新学科领域——"经营人类学"。

　　第二位是丽泽大学大学院经济研究科教授、经济学部教授高严。高教授著有《和高中女生一同学习稻盛哲学——富足的社会和人生的方程式》一书。他将从经营哲学、企业伦理的角度进行发言。

接下来是神户大学大学院经营学研究科三矢裕教授。三矢教授著有《阿米巴经营论》《阿米巴经营改变企业》等书籍，是日本阿米巴经营研究方面首屈一指的人，现在还兼任阿米巴经营学术研究会的委员长。三矢教授从管理会计学的角度出发，主要谈及以阿米巴经营为核心的稻盛研究。

最后一位是立命馆大学 MOT 大学院教授、稻盛经营哲学研究中心主任青山敦。立命馆大学的稻盛经营哲学研究中心于 2015 年 5 月成立，主要从经营学、哲学、心理学、社会学等各学术领域对稻盛经营哲学进行综合研究，致力于经营哲学的普遍化、一般化。青山教授的著书有《京瓷稻盛和夫·心灵经营系统》。

本章将介绍的就是这四位稻盛研究的权威人士举办的专题小组研讨会的内容。

【日置】我是公立鸟取环境大学的日置。我经常做这种公开研讨会的主持人，听了刚才基调演说（收录在第一章中），我感觉学生们的提问非常准确地直击要害。

那么，今天小组讨论会的阵容可以说是非常豪华了，虽然每个人的专业都不同，但在稻盛研究领域各自都有着很深的造诣。

大多数学者都擅长把一件很简单的事尽可能地往深奥里说。不过，今天我想给这几位教授出个难题，就是把深奥的问题说得浅显一些。

首先有请高严教授发表自己的研究报告"为何稻盛哲学可以推动社会发展"。

高严教授：
为何稻盛哲学可以推动社会发展

大家好，我叫高严。提到稻盛哲学，在本人也在场的情况下这样说可能有些奇怪，总的说来是人生哲学，或者是经营哲学。特别是稻盛先生在今天研讨会的第一部分中的演讲内容，我认为可以说是人生哲学精华中的精华了。

我想，自己不如就从"社会哲学"的角度来谈谈稻盛哲学。

所谓社会哲学，是一门思考社会应该怎么样的学问与哲学。换句话说，是研究在哪种社会中生活的人能获得幸福的学问。

这门学问中提到的都是欧洲的思想，但是在中世纪的欧洲，完全没有关于社会应该怎么样的相关讨论。

因为，那时已经有了法律，有国王，有领主，由站在社会金字塔顶端的人下命令、提出要求，社会中已经建立起了基于这些命令的秩序。因而在当时生活的人们无须考虑社会应该什么样子，只需按照上层人的指示去生活就可以。

这是中世纪欧洲的特征。在那之后，发生了文艺复兴运动，经过大航海时代，社会渐渐发生了变化，发生了宗教改革、市民革命。于是，社会开始崩塌。高高在上的国王也在断头台上被人斩首。

如此一来，秩序丧失了源泉，所以有关社会应该是什么样子的学问，也就是社会哲学的讨论就此展开。讨论者层出不穷，但平民百姓接受的是最为简单的"功利主义"。

◎功利主义造成的两个陷阱

何为功利主义，其内容与第一部分演讲的内容大相径庭，主要提倡的是要让自己越来越快乐，躲避令自己不快的事；要不断追求自己的幸福，但是，条件就是不能侵犯他人的自由。功利主义就是这样的思维方式。

这个思想使大家从中世纪抑制的时代中获得解放，因此非常受欢迎。更重要的是，功利主义认为别人没有资格对自己的幸福指手画脚，幸福的定义要由自己来决定。

那么，作为政策，在个人层面上，其实我自己也抵触功利主义，不过假设功利主义在个人层面上获得了认可。从社会的层面上看，功利主义的思维方式会转变成什么样的口号呢？我想大家应该都知道，那就是"最大多数人的最大幸福"转变成了政策。

很多人应该都学习过"最大多数人的最大幸福"的理论，了解这一理论的界限是什么，只要是能使全体的满意度最大化的政策都可以。

假设今天在这里的诸位朋友的满意度是100，那么只要我做的事能使满意度提升至200，那么从理论上讲我做的事就是正确的。需要算出在场各位朋友的满意度之和。

那么，所谓的陷阱到底是什么呢？有两个。

拿美国社会举例来说，我没用数字统计过，不过美国曾采用奴隶制，使用奴隶的人生活会变得更加舒适，满意度也有很大的提升。如果把使用奴隶的负面因素也考虑进去，合计出的满意度依然大幅提升的话，奴隶制度就获得了认可。

这就变成了无视少数人利益的思想。

功利主义认为只要满意度持续上升就可以，但并不会考虑到这个社会中的既得利益或者说是果实如何分配。

◎自由至上主义的局限性

综上所述，功利主义是有局限性的，作为社会哲学整顿形态后就变成了接下来我要介绍的自由至上主义。

自由至上主义是指政府不采取提升民众满意度的措施，一切都任由市场发挥。

交给市场，既不会无视少数人的自由，也不会轻视利益。少数人也能随便自己做主，一份工作想干就干，不想干就可以辞掉。

因此，只要交给市场发挥，少数人的自由也能获得保证。而且，任由市场发展的话，努力的人可以得到相应的回报。如果借稻盛名誉会长的方程式来表达的话，我想应该是这样：

工作结果 = 热情 × 能力

工作结果指的是在这世上只要肯进入社会工作就能获得一定的报酬，每个人以自己的能力和热情所付出的努力决定了自己在社会中能得到些什么。这样一来，社会就可以进行公平分配。自由至上主义就是这样的思想。

但是，有时常常会发生未能得到令自己满意的公平分配的情况。有些人会觉得：那个人没做什么努力，得到的却不少，而我明明这么努力却……

在这种情况下，应当如何裁决呢？那么就请各自行使权利，更正错误的情况——这便是自由至上主义。

这种思维方式也还是存在局限性。

任由市场发挥后，我们可以自由地交易，前提是基于各自的自由意志。但实际上真的能做到这样吗？原本每个人的起跑线就存在差异。

出生在本来就富裕的家庭的人和出身贫寒的人，处在优势的人和处在劣势的人，当他们在进行交易的时候，处在劣势的人自然要对有优势的人言听计从，虽然心里并不认可，但如果没按对方的意思去做的话可能就会失去工作。

从这种意义上看，因为大家的起跑线不同，一旦放任自由至上主义发展，人与人之间的差距将越来越大。自由至上主义的局限性就存在于此。这并不是基于自由的交易，会制造一个对弱者来说很残酷的社会。

我刚才说过，所谓社会哲学，是一门研究社会应该是什么样的哲学。自由至上主义片面地认为：人们之所以能在这世上获得成功，是因为既有能力又付出了努力。

我觉得从某种程度上或许可以这样说，但是如果反过来说的话，在大家眼中，对在这个社会上没能获得成功的人来说，"失败是自作自受""因为能力不足""因为努力不够"，从这种意义而言，甚至有可能创建一个非常冷漠的社会。

由此可见，自由至上主义看似不错，但也有局限性。为了克服这个问题，接下来登场的便是社会自由主义。

◎社会自由主义中政府的调配具有很大影响力

先介绍一下社会自由主义的内容，它并不是对市场听之任之。因为市场有一定的局限性，所以政府有时可以介入并进行调配。当社会存在弱者的时候，当社会底层的人们出现的时候，政府会向这些人伸出手，尽可能地往上拉一把。

如果把财富和所得都交由市场处理，无法得到公平的结果，所以政府会向高收入者征收大量税金，也就是所谓的累进税制。继承也是如此，政府向拥有巨额财产的人征收大笔继承税，然后进行再分配。社会自由主义就是这样的一种思想。

哪种社会哲学比较好呢？这个问题交由大家来判断。

如果将社会自由主义用方程式来表示的话，在自由至上主义中，工作结果 = 热情 × 能力，社会自由主义则要加一个"政府调配"的变数。或许用乘法表示有些奇怪，如下：

工作结果 = 政府调配 × 热情 × 能力

所谓调配，即向有收入所得的人征收大量税金，然后执行预算，在社会中进行再分配。以这样的方式组建社会的就是社会自由主义。

关于社会自由主义的内容，我想再说一点，这个主义有一个问题就是政府是否真的在调配资源。如果有很多人认为政府并没有采取行动的话，那么他们各自就会行使自己的权利，强迫国家进行改变。社会自由主义就是这样的思想。令人遗憾的是，这种自由至上主义和社会自由主义对包括日本在内的全世界造成了巨大的影响。

那么，社会自由主义有没有局限性呢？政府向高收入者征收高额税金，这是从平衡收入差距的角度考虑的，可是一旦做得过了火，社会就会失去活力。

然后，就会出现政府机构膨胀的问题，也许你会认为在日本政府已经如此膨胀了也没发生什么异常，但从世界的角度看，发展中国家和新兴国家的政府机构越膨胀，就越容易发生非法行为。

比如，尼日利亚这个国家，拥有高额的石油收入。

国家在这高额收入的基础之上制定预算，我想大家都记得反政府武装组织"博科圣地"在几年前诱拐200多名女学生的事吧。

那件事发生后，国家马上就制定了预算，并往前线运送了兵力。但是，武器和弹药却没得到充足的供应。

这是由于执行预算时，政治家和官僚等由上至下层层克扣。

政府膨胀就会导致这样的事情发生。因此，我们不能简单地认为，政府膨胀起来社会就会变好。

那么，应该怎样克服这一局限性呢？对此，人们经常会说"所以说政府主导就是不行""应该交由市场抉择"。

◎自由至上主义和社会自由主义是水和油的关系

自由至上主义和社会自由主义，二者是水和油的关系，它们彼此互相批判。只要社会在互相批判中前进，那就没有什么问题，没必要讨论了吧？但事实如何呢？

这两种思想明确对立的国家，就是美国。简而言之，就是共和党和民主党这两个派别。

它们分别站在自由至上主义和社会自由主义的立场。欧洲也是如此。而在日本，虽然自民党实力强大，但也有民进党的存在。

这些国家的情况都是一样的，那么我们就以美国为例，如果这两种主义在这个国家能和平共处，那就没什么问题。

贫富差距问题。基尼系数（衡量社会收入差距的指标）介于0~1之间，超过0.4社会就会陷入不稳定的状态。美国现在的系数是0.39，将将在警戒线以内。美国深刻的社会问题使得贫富差距不断加大。

贫富差距的加大还与社会治安恶化有关。"9·11"美国同时发生多起恐怖主义袭击事件之后，民众缺乏安全感，监视摄像头随处可见，偷拍行为十分猖獗。放眼全球，IS组织有抬头之势。还有美国国内的问题，世界治安的问题也浮出水面。

社会是以零散的个人构成的社会为基础构建而成的，因此如果在个人之间出现了争执，就需要用司法来解决争端，这是美国的思维方式。只不过现在变成了有钱人比较容易在审判中获胜。不知道这种社会是不是符合大家的期望……

仅凭原有的社会哲学是无法解决问题的。

◎以往的社会哲学具有相同的三个基础

从这里开始才是最重要的内容，我想说的是，既然仅凭原有的社会哲学解决不了问题，那么我们就需要一种全新的社会哲学了。

刚才列举了两种原有的社会哲学，它们具有共通的基础，而崭新的社会哲学，即第三种社会哲学，则应该建立在与前两种完全不同的基础之上。

那么，过去的两种社会哲学的共通的基础是什么呢？

有三点。首先以社会是由独立零散的个人构成的为基础，思考社会的存在状态。这是第一个基础，自由至上主义和社会自由主义都建立在这个基础之上。

其次是不能以某种特定的价值作为导向进行倡导的思想。

这一点很令人不可思议吧？主要是考虑到如果由某一特定的人来决定哪种特定价值是好的，并加以倡导的话，这会造成社会的不公正。所以，不能宣扬特定的价值。这是第二个基础。

最后就是刚才提到的，在得不到自己想要的结果的时候行使权利，然后花数年精算的思想。

刚才我说过去的两种社会哲学建立在三个基础之上，那么两种传统哲学的替代品，或者说补充品是什么呢？那是一种建立在不同于这三点的基础之上的哲学。

◎稻盛哲学具有打破过去社会哲学的局限性的新观点

刚才提到的哲学正是稻盛哲学。

太细节的方面我也说不上来，只是简单地了解了一下，感觉稻盛哲学和亚里士多德的哲学非常相似。稻盛哲学和亚里士多德哲学都是从社会关系的角度捕捉每一个人，而不是把人看成一个个零散的个体。

因此，稻盛哲学思考的是一个人处在各种关系之中应该做些什么，它倡导一种特定的价值。在方程式中，"恰当的思维方式"占有很大的分量。

　　听我这样说，自然会有人提出疑问，刚才提到自由至上主义和社会自由主义的时候你说过"倡导特定的价值后，倡导者的独裁就开始了"，那么这第二个特征不就变得和以前的社会哲学一样了吗？如果有此疑问请务必来问我，我能清晰地替你解答。稻盛哲学所说的特定的价值并不适用于这种讨论。

　　然后是第三点，听好，并不是如果与自己的心意不符就花费数年精算的思想，而是在漫长的人生岁月中，即使遇到各种艰难险阻，也要勇敢应对、努力跨越，最后精算的思想。

　　综上就是稻盛哲学的精华。用方程式表示是这样的：

　　工作结果 = 思维方式 × 热情 × 能力

　　而且，稻盛名誉会长还在"工作"的前面加上了"人生"。

　　人生、工作结果 = 思维方式 × 热情 × 能力

　　如果只说工作结果，则给人感觉是在相对短的时期内考虑事物。

　　所以，稻盛名誉会长改成了"人生、工作结果"。我认为从社会哲学的角度出发，这也是一种新的观点，仅凭这一点，我感觉稻盛哲学就能充分地弥补传统社会哲学的局限。

　　【日置】谢谢您。下面有请三矢先生作报告。

三矢裕教授：
从管理会计学的角度看阿米巴经营模式的精髓

今天我想从自己的专业管理会计学的角度来谈一谈稻盛先生一手打造的阿米巴经营模式。

每个人的着眼点不同，对阿米巴经营看法也就各不相同。

20多年以前，自从读研究生的时候开始研究阿米巴经营，我便对"委派管理"很感兴趣。稻盛在京瓷、KDDI和JAL接连书写了经营传奇，获得了伟大的成就。

但是，如此大的企业仅凭稻盛先生一己之力是无法进行经营决断的。

稻盛先生的过人之处就是委派方式。他把公司分成若干个由10人到数十人组成的名为阿米巴的小组，把阿米巴的管理委派给小组的领导。委派的前提就是在公司中培养众多能和自己作出同样思考、判断的领导。

为了培养领导，首先应该确定经营者的思维方式，也就是经营哲学，然后把这套哲学传授给员工。

但是仅凭在公司早会等场合唱诵经营哲学，到了实际的工作现场还是不知道具体怎样进行决策，不知道怎样能把哲学和行动联系起来。

为了使委派管理更容易实现，这就需要下一番功夫。

对此的应对方式，其一是管理会计，还有一种是组织。我认为，稻盛先生的经营管理方式与阿米巴经营的主要区别就在于他将哲学、管理会计和组织巧妙地结合在一起并运用在委派管理之中。今天时间有限，所以我先来谈谈阿米巴经营的管理会计。

◎管理会计为了内部管理所设，各公司可以有所不同

首先，我想有些人对管理会计并不了解。

提到会计，大家首先想到的大概就是经决算后公布的各种财务报表吧。这些是财务会计的内容。

这是为了向股东、银行等公司外部的相关者报告公司在过去，比如说从4月到第二年3月这一年之中的经营活动成果。

　　如果各家公司都用不同的形式进行财务报告的话，那么看报告的人会很辛苦，因此，法律规定了财务会计的形式。财务会计中重要的是正确性，如果这一点发生了改变，那么就会出现不正当的会计行为和社会问题。

　　而会计的另一种，就是为了内部管理设置的管理会计。对于经营者或部门的管理者来说，只需使用会计数值进行计算，就能知道 A 和 B 两个投资项目，哪个能使企业有所发展，从而作决策也就容易一些。

　　管理会计还可以辅助业绩管理，和业绩评价联动，制定出本期的销售目标或是把成本降低到多少日元，大家为了达成这个目标值而努力。

　　管理会计是公司内部的行为，不受法律束缚，只要对公司有用、有益都可以随意变换。

　　比如，正确地计算出每月的合计金额需要花费不少时间，这样就会耽误作决策。管理会计虽然或多或少地牺牲了些正确性，但是有时很重视速度。

　　每家公司的管理会计都不同，正是这种不同使企业实力产生了差异。

◎每个人都能简单地使用阿米巴经营的管理会计

阿米巴经营的管理会计的特征是，为了方便委派管理而打造。我想在座的朋友中也许就有正在学习簿记的人。大家有没有感觉，只要提到会计，就给人一种规则很烦琐的印象？

美国的企业就很典型，所谓管理会计，就是为了方便取得了 MBA（经营学硕士）学位的非常优秀的人或领导层使用的专用途径。

而没有接受过经营管理、会计方面教育的业务部门的员工因为会计很难，不知如何使用。

对于不懂会计的人来说，把会计报告给他们也没有什么意义。这就相当于对业务部门的人说："你们不参与决策也无所谓，上面的人怎么决定，你们就怎么执行吧。"

与此相比，在阿米巴经营中每个人都是主角。

稻盛先生经常说的一个比喻就是，把我的头发拔下来一吹就成了我的分身。

然后这些分身代替稻盛先生在公司的各项事业或各地的工厂等地方作为领导作出经营管理的决策。

这些领导中也包括业务部门的工作者。也就是说，让业务部门的人也能懂得管理会计很有必要。

稻盛先生自己是鹿儿岛大学工学部毕业的工程师，并没有学习过会计，所以，他曾经想寻找一种谁都能利用的管理会计，结果并没有找到。令人惊讶的是，稻盛先生自己创造了一种委派经营的管理会计。

这是一种简明易懂的，近似家庭账本的东西。

在家庭中，没学过簿记的主妇也能用家庭账本记账。比如说，一个月买了30瓶啤酒，喝了20瓶，还剩下10瓶。

那么按照普通会计规则，这个月只记20瓶的费用，剩下的10瓶要被算进存货的科目中。

这样程序就会变得很烦琐。我家也是这样，家庭账本是这样记的，如果买了30瓶啤酒，不管有没有喝完，本月的啤酒钱都是30瓶的钱数。如果啤酒剩下了，下个月就不怎么用买了，啤酒钱就更少了，按这种想法操作起来就非常简单了。

这种方法在家里用没什么问题，稻盛先生的过人之处就在于，把这种家庭账本似的东西用到了公司之中。在京瓷，除了精英管理层以外的实际业务部门的人在使用这种家庭记账本式的管理会计进行决策。

我认为，这种谁都能轻松使用的、简单易懂的管理会计，对这个充斥着财务会计的世界来说是非常伟大的革命。

◎阿米巴经营的每日决算——在被忙碌遗忘之前进行反思

阿米巴经营的核算制度中还有一个特点是每日决算。

很多公司，部门的会计数值都是以月为单位，每个月月末仅汇总一次。拿9月来说，今天是月底，汇总工作大概要做到10月10日。之后会有一次会议。这里假设上个月的实际销售额与预期目标相符，盈亏是持平的。

盈亏持平，看起来好像就没什么问题。但是一旦以日为单位来看的话，以目标销售额为基准，第一天盈余10万日元，第二天亏损10万日元，第三天盈余10万日元，然后又亏损10万日元，也许就是经过这样的反复最终实现了持平。

虽然按月计算显示的盈亏为零，但其实每天的盈余和亏损都有各自的理由。

只是数字的加减相互抵销，汇总一个月的内容无法发现哪里出了问题，对并不是精英的普通人来说利用起来十分困难。

阿米巴经营模式施行的是每日决算，第二天可以马上对前一天的结果进行反馈。这样一来，如果发现"啊，今天得出了负数"，就会思考"问题出在哪里呢"，因为大脑中还留有前一天工作的记忆。于是我们回想一下前一天的工作情况就能发现各种各样的问题，有可能是机械运转出现错误，或者是没有认真地向顾客推销，等等。

在反馈中我们能有所发现，在发现问题点后，接下来只需把问题解决掉就可以了。由同一阿米巴小组的组员群策群力，寻找解决方案。

当然，这还只是纸上谈兵。不知道解决方案是否真的能解决问题。因此，第二天要进行一天尝试，也许这里用实验来表现更为贴切。

如果第二天还是负数的话，那就说明第一天和第二天的做法都有问题，还需要考虑其他的方案。

想出新方案后，在第三天实验，假设第三天的决算结果终于超过了预算值，那就说明这个实验成功了，方案是正确。只要将正确的改善方案一直坚持到月底，相信此后每一天积累的都是正数。

刚才也提到过按月决算的方式，每月一次，数字相互抵销什么都看不出来，发现不了问题，也就无法找到解决方案。

与此相比，分开做每一天的决算很容易就能发现问题，可以通过实际试验来验证对错，找到解决方案。利用每日决算每个人都能作出正确的决策。

一位在鹿儿岛的国分工厂工作了 20 多年的现场阿米巴领导教导我说："在被忙碌遗忘之前进行反思，若非如此，是干不长久的。"

阿米巴经营模式中，利用管理会计，使不是精英管理层的工作在第一线的人也能发挥自己的能力，提升组织的执行力。

◎ "普通人也能毫无障碍地使用"这一点非常有趣

总之，无论是家庭账本，还是每日决算，稻盛先生以委派经营为基础，打造了非精英也能使用的管理会计。我是研究管理会计的，所以在这一点上，感觉非常有趣。

另外，很多公司每个月都要开一回业绩研讨会，顾名思义，在会上要用数字确认业绩是否真的很好，如果业绩变差了，还要探讨今后将怎样改善。

我去过几次 JAL 和设立在鹿儿岛的机场、组织螺旋桨机飞行的日本空中通勤航空公司，并有幸参与了会议。有一点给我的印象十分深刻，在会议开始时，主持人说："这次会议是为了学习作为一名领导应该具有的姿态。"

一般培养、教育人才是人事部门的工作，为了培养和学习而利用这样的业绩研讨会或管理会计，恐怕在全世界也就只有京瓷和 JAL 会这样做吧。

我从阿米巴经营和管理会计的角度进行了演讲。稻盛先生的哲学，不是哲学家创造出来的，而是由经营者打造的哲学。

而且，这是一种在经营现场被实际使用的哲学，也就是所谓的实践哲学（philosophy in practice）。

若想理解稻盛先生的哲学，就必须先了解经营的思路，了解是谁在什么场合、使用，以及会怎样使用。对此，我作出以上报告，希望多少能给大家提供一些参考信息。

【日置】非常感谢您。那么，下面有请第三位报告人青山先生。

青山敦教授：
何为稻盛经营哲学研究中心

我是立命馆大学稻盛经营哲学研究中心的青山。稻盛经营哲学研究中心并不是只有我自己在运营，由立命馆大学，立命馆高中、初中和小学组成的立命馆学园也参与其中。接下来，我想介绍一下研究中心的整体情况。

首先，我们中心有两个特点。一是具有使命，这是一个具有明确使命的中心。

高教授刚才的报告中指出，当今社会贫富差距扩大，国际纷争不断，国内也产生了治安恶化等问题，我们对这些问题抱有危机感。

我们认识到现代文明正处于危机之中，正如高教授刚才在报告中所讲，我也在思考基于新的社会哲学能否打造一个"良好社会"，还有，稻盛名誉会长的哲学是否能够成为新的社会哲学。基于这些思考，我正在进行将稻盛经营哲学普遍化、一般化的研究。

中心的第二个特点是，我们也旨在在实际中通过研究和教育驱动社会。我们不仅仅进行研究工作，更希望能打造一个建立在稻盛经营哲学基础上的社会。

为此，我们的研究内容包括，基于稻盛经营哲学的新的经营、教育和社会会变成怎样的情况；怎样做才能实际把稻盛经营哲学作为制度来实现；这一哲学将会变成怎样的制度。

另外，我还想培养一些能给新社会以支撑的人才。也就是说，我们不仅要搞研究，还要超越研究，实现一个基于稻盛经营哲学的社会。以上这两点就是这个研究中心的特点。

为了把研究进行下去，我们提出了基本的方针，即朝着三个方向进行研究。

第一个方向，是从稻盛名誉会长的经营哲学方面入手，研究企业经营；第二个方向，是从社会哲学的观点研究市场经济；第三个方向，是从更为基本、根本的人生哲学出发，研究生存方式和思维方式。按照这三个方向研究下去，就是我们的研究方针。

　　为了实际完成研究，首先，我们认为重要的研究课题，都由我们研究中心主导进行研究。

　　其次，我们认为非常重要的一点在于，对基于此哲学的社会、教育等问题的研究不应该只把目光停留在日本国内。

　　因为出现问题的不仅仅是日本，有些是世界性的问题，所以我们希望国际上也能够认可以稻盛经营哲学为基础的内容。

　　为此，我们积极推进国际合作研究项目。比如与纽卡斯尔大学、凯斯威斯顿大学等机构合作推进研究工作。

　　基于这些研究成果，开发、提供、实践教育项目。这就是我们研究中心的基本方针。

◎通过研究改变社会，普遍化、一般化和教育必不可少

　　接下来，我想谈谈怎样全面推进研究，并运用研究成果改变社会。

　　首先，认真整理研究稻盛经营哲学所需要的信息，这是基础作业。

　　在此基础上，从经济学、管理学、心理学、脑科学、哲

学等多个学术领域展开研究。

稻盛名誉会长在讲话中也提到过，产生治安恶化、贫富差距加大的原因在于人们的行为基于不正确的"想法"，那为什么会这样呢？是出了什么问题呢？——我们将对此进行研究。人性是建立在这些"想法"的基础之上，所以我们要阐明"想法"与人性的关系。

当然，我认为，我们必须更加深入地理解稻盛名誉会长的哲学，并在理解的基础上将稻盛经营哲学普遍化、一般化。

其次，从市场经济、企业经营、生存方式与思维方式这四个方向来阐释基于稻盛经营哲学的社会、教育和制度将会有怎样的变化。

为了实现对稻盛经营哲学的应用，我们思考出培养具有"利他"和"知足"思想的人的教育项目，这些人将支撑起整个崭新的社会。我们认为不能仅从大学或大学以上的高等教育机构开始，应该从小学、中学、高中开始着手教育工作。

接下来，我想具体介绍一下。

首先，谈一谈从哪里开始研究的问题。

第一，关于企业经营，通过在京瓷、JAL、KDDI，还有盛和塾的成员企业等的实践，研究为何基于稻盛经营哲学的经营之道如此强大，为何在给予员工幸福感的同时还能提升公司利益，或者是为此需要怎样渗透理念、分享想法。

另外，稻盛经营哲学根植于日本本来就具有的伦理观等观念之上，我们研究的是，能在国际上推行这种哲学，这种可能性是需要考量的。

第二，如何拯救现代文明——这个问题更为重大。如今的金融危机、新自由主义等都根植于"罪恶的想法"，我们希望能通过阐明它们的局限性和缺陷，来抑制过度的利己之心，对因竞争激发的活力和利他之心并立的市场，以及金融和经济的结构给予提示。此外，关于"怎样才有具备利他之心"这个问题，我们想从人类的脑科学、神经科学的角度进行解答。

第三，刚才高教授的报告中曾提到过不倡导特定的价值观问题，但资本主义本来就与价值观、道德观有着密不可分的联系，所以我们想从哲学的角度研究什么是"好的想法""好的价值观"。

第四，是有关生存方式、思维方式的问题，我们希望能通过厘清稻盛名誉会长的哲学与其他哲学之间的关系，来阐释其本质，然后再向大家进行汇报。

接下来，我要说的是教育、人才培养问题。首先，应该考虑教材的开发问题。其次，不仅要有好的教材，教授教材的老师能否理解稻盛经营哲学也很重要。所以，我们正在实施指导老师学习稻盛哲学的项目。现在，以立命馆的附属学校为中心，实验性地进行着以稻盛哲学为基础的教育活动。为了普及稻盛哲学的教育，让其他学校的经营者或老师了解稻盛哲学，我们还组织了各种活动。

另外，有一些活动是为了让孩子们了解到稻盛名誉会长的思想，如利他思想等。

首先，我们尝试培养小学生的利他之心。以立命馆小学的品德课程为中心，一边研究培养为他人着想的利他之心需要什么教材，一边进行实践。然后，我们把学校以前的班级活动更换为更为充实的"阿米巴活动"，开发一些对人格形成影响巨大的幼少期的教育项目。

其次是中学，我们以初中生为对象，进行学习稻盛名誉会长的人生的心理弹性教育。

何为心理弹性教育？人生会遇到各种各样的逆境。稻盛名誉会长也经历过中考失败、高考落榜、求职不顺利的情况，我们应该从他波澜不断的人生中学习身处逆境的时候应该如何生存。

最后，针对高中生，我们以 JAL 的改革为基础，在工作的情景中引导高中生思考何为工作、应该怎样工作。

四位教授各自眼中的"利他之心"

【日置】稻盛名誉会长的基调演说中曾出现过一个关键词——"利他"。那么，最后我想听一听各位对"利他"更为详细的看法。首先有请高教授。

【高】我想大家应该都记得，在人生、工作的结果的方程式中，存在着一个叫作思维方式的变量。

人生、工作的结果 = 思维方式 × 热情 × 能力

稻盛名誉会长常说热情和能力的分数可以用 1 到 100 来表示，我想用 1 到 10 来思考会更加容易一些。热情的分数范围是由 1 到 10，能力也是 1 到 10。

在有关乘法的问题上，他说能力即使是 1，只要热情有 10 就可以；他还阐明思维方式分为好坏两种。总之，所谓好的思维方式，与利他的关怀相符。

【日置】有请三矢教授。

【三矢】在稻盛哲学中最重要的就是"利他"，我想谈一谈"京瓷哲学"与"管理会计：单位时间核算制度"的关系。

在大工厂中，一般而言，大家都齐心协力地研究着其他工厂的成本是多少。

而在阿米巴经营模式中，会把组织逐渐分割成一个个小的利益中心，在阿米巴小组之间进行协作竞争。

也就是说，在一个大型公司中出现了很多如同小小的街道工厂似的组织，每一道工序都在为能够赚到饭钱而努力奋斗。

一直以来，只能从数字上看每一项业绩，但导入管理会计后，一切都变得清晰明了。

于是，部门之间有了胜负之分，大家在努力让小组获胜的同时，也提升了自己的业绩。

但是，这时容易发生一些不顾给他人带来麻烦也要提升自己业绩的行为，这种行为有时被称为"部门优化"。

我认为，其实，阿米巴经营就像是一辆动力非常强劲的汽车的引擎。

但是，有引擎的汽车一定要有刹车装置，如果没有刹车的话，无论引擎怎样运转都很危险，无法转弯。

在阿米巴经营中，把阿米巴小组的管理交给各位领导者，而哲学特别是利他的思想起到的就是刹车的作用。

在团队中，当受到自我优先、自我彰显等诱惑的驱使，利他之心就会劝阻说这样不可以。

比如，以 JAL 为例，公司里有个词叫"最佳接力棒"。飞行员负责飞机飞行，降落后由机场部门的人接手。负责维修的人要努力保证飞机能够安全飞行。他们在各自的岗位上奋斗，但他们的想法互相连通成一个，这是必不可少的。

依据管理会计出具的每个人的业绩，如果再和成果主义完全结合到一起，一下子就会造成"部门优化"。

我认为，利他的思维方式起到的是刹车的作用，为了让企业接近整体优化，而不是部门优化。

【日置】下面有请青山先生。

【青山】在我看来，比解释利他是什么更为重要的是培养能够实践利他的人。

两周前，我访问了牛津大学。牛津大学与刚才一开始介绍过的稻盛财团进行合作，京都奖的演讲预计将在牛津大学举办。

我去的时候心中抱有疑问：为何牛津大学会对京都奖感兴趣、想要与我们合作呢？对方是这样回答我的：诺贝尔奖基本上都在凭业绩，或是突破性发现授奖，而京都奖选择获奖者时不仅看业绩，还要考量获奖者的人格和人性。这一点是京都奖了不起的地方。

这些获奖者都是科学、艺术等方面的佼佼者，但同时他们一定具有利他的一面。

所以，我们可以直接向这些优秀的、拥有利他之心的人学习。我认为这很重要。

【日置】谢谢青山教授。关于利他这一概念，我想再做一点补充。

比如说，无论怎么想，投资都是一件利己的事，但实际上在18世纪、19世纪资本主义刚出现的时候，具有非常明显的利他性。当时，金融商品只有股票和国债，而发行国债的最重要理由就是筹集军费。

国家用国债来筹集用于战争的经费。因此，只要在战争中失败了，国债就会陡然下跌。

尽管如此，投资于国债，在某种意义上算是一种社会参与行为，具有支援国家的意义，因此这是非常具有利他性的行动。

实际上，株式会社也是如此，为了公司的事业努力筹集资金，并且因为认同公司的事业购买股票，这些都是利他的行为，但现在完全想不到股票投资会是利他的行为。

我们是不是可以在这一方面站住脚步思考一下呢？从制度上看，如今金融商品种类繁多，大家的投资并不是直接关系某项事业，而只是单纯地看着数字上上下下，所以在此情形下，不得不说这些都是利己的行为。那么，还能不能把投资的形式恢复到原来的状态，使之前的制度重新复活呢？

反过来讲，要想恢复利他的状态，也需要考虑制度的问题。

另外，其实原本成立株式会社这件事本身，可以为社会提供必需的事业支持，而且自己也可以通过贩卖物品或服务提高收益。

也就是说，做符合社会期望的事，最终自己也能获取利益，这种才应该是资本主义的机制。但是现在的资本主义已经面目全非。原因说起来很简单，就是即使不出售物品也能赚到钱。实际上，（金融商品中）有很多衍生品，都不是物品。

现代人创造出一种模式，通过出售权利，或是某种左道旁门，即使实际不出售物品也能挣到钱。

因此，打造当今社会的，可以说是曾经的六本木一族①。总之，出现了一批仅以通过公司上市获取财富为目的，并采取相应行动的企业家。

企业经营的目的不应在此，至少要做有益于社会的工作，这才是企业的目的。对此，我们应该思考一个能转变他们的理解的大致方案。

基于这一点，我才想到请三位教授谈一谈利他的问题，最终大家对利他的看法都殊途同归。

给我的感觉就是，通过各种迂回，问题最终聚焦于如何恢复企业健全的状态，从某种意义上讲，这可以说是稻盛哲学的根基。

从这种意义上看，为了鹿儿岛大学稻盛学院全体都能进行这样的研究，我希望今后也能把各项研究持续进行下去。

（本章是在 2016 年 9 月 30 日"第四届稻盛学院研讨会"内容的基础上改编而成。）Loreet, volortisit eugiat praesto dolore conse ex eros

---

① 指居住在六本木的有钱人，多是 IT 相关企业的所有者或经营者、风险投资家等。——译注